帝國崛起

一場歷史的思辨之旅 2

呂世浩——著

出版人的話——

那些人生困局的解答，或許就在你早已遺忘的「歷史」裡

【皇冠文化集團發行人】平雲

從事出版三十年，雖然大學念的是歷史系，但除了一套《吳姊姊講歷史故事》之外，卻一直沒有出版什麼跟歷史有關的書，主要是我不想出太學術性的歷史書籍，而是希望出版對一般讀者都能夠「有用」的大眾歷史讀物。

這一等就是三十年，直到去年有機會出版呂世浩老師的《秦始皇》，這個願望才終於得以實現。《秦始皇》出版後，從一開始通路並不看好，到後來洛陽紙貴，再版不斷，甚至連遠在北京的大陸計程車司機都是《秦始皇》的忠實讀者。這股「秦始皇熱」來得令人意外，更讓人好奇的是：為什麼呂老師的書能夠吸引那麼多原本對歷史沒興趣的讀者呢？

這是因為長久以來許多人對歷史的看法其實是一種誤解。臺灣一向不重視歷史教育，學生也往往以讀歷史為苦，光是要背那麼多年代、人物、事件就叫苦連天。而隨著本土化、去中國化的「政治正確」風向，「中國歷史」在臺灣學生的學習過程中也愈來愈不重要。但讀歷史，既不應該是為了應付考試，更不是為了服務政治。歷史其實就是以前的人的活動記錄，我們之所以要讀歷史，正是為了透過這些前人的活動，學習他們成功或失敗的經驗，以史為戒，鑒往知來。

而呂老師便是以中國傳統讀書人讀歷史的方法，引導大家用「思辨」的角度來看待歷史，於是在呂老師筆下，歷史不再是死的學問，而是活的智慧，並且完全可以運用在我們「現在的」生活上。古人的一言一行，我們可以驚喜地在現代找到「對照組」；他們的成功失敗，也是我們立身處世的「啟示錄」，這樣的「實用歷史」不是比課本有趣多了嗎？

呂老師的書也勾起了我大學時代在毓鋆老師門下修習《資治通鑑》的回憶。上了兩年課，十幾本一套的《資治通鑑》連第一冊都還沒有上完，但毓老師講到西漢初年就不再教下去了，剩下的要我們自己讀，因為「都一樣」。當年讀《資治通鑑》就常讓我暗自心驚，為什麼一兩千年前發生的錯誤，一兩千年後依然不斷重演？而如今讀呂老師的書同樣令人悚然，「人會被騙，往往不是因為他笨，而是因為他貪，簡單地說就是『欲令智昏』。」多麼一針見血！講到秦孝公如何面對國家內憂外患，他沒有選擇讓秦國變成其他強國的附庸，依賴別的國家來保護自己；也不是花大錢收買小國建立邦交，提高國際能見度，突破外交困境；更不是繼續逃避苟安下去，專心追求自己的小確幸；而是選擇了一條「最笨」但「最好」的方法——力圖自強，因為「不論要和別人競爭或合作，沒有實力都不可能。要別人平等看待你，就看你能不能自強。」多麼振聾發聵！這不時讓我想到以色列，想到新加坡，但更多的時候，想到臺灣的處境。

「憂患興邦，驕奢亡國」的秦國，何嘗不能作為我們的借鑑？歷史的真相或許就是人性的真相，盛衰興敗往往只在一念之間，這些都是呂老師的書教我們的。作為出版人，這是一本我很榮幸能夠出版的好書；作為讀者，這是一本你們很幸運能夠閱讀的寶典。那些人生困局的解答在哪裡？或許就在你早已遺忘的「歷史」裡。

推薦序——

觀於人文，以化成天下

【中華奉元學會常務監事‧周正成小兒科診所醫師】周正成

太史公司馬遷，不畏滿朝廷議撻伐，不懼冒犯皇帝旨意，只為仗義直言，勇於替兵敗匈奴的李陵辯護而遭到以毀身腐刑換取活命的恥辱；卻能不懷憂喪志，仍潛心述作曠世巨著《史記》。遙想這樣的英雄人物，壯哉大勇儒俠，你很難不被深深撼動，覺得莊嚴敬重。

太史公述作史記，不只是為了「究天人之際，通古今之變」，成就師承一家的學術言論；更是為了克承父命，紹述孔子「我欲載之空言，不如見之於行事之深切著明也」寫就《春秋》一書，透過筆削褒貶史事來建構政治倫理的深意。「述往事，思來者」使後世有志建國君民的志士，能從歷史的記述中，掌握興衰治亂的契機，獻身於國家治理。這也是易經離卦象辭「大人以繼明，照於四方」的華夏治學傳統。

君子以繼明，照於四方

人生在世，不能只是獨善其身，不能只是「繼明」，承繼領受父母的聰明遺傳或家業、承繼師說教導的人生智慧、承繼研習歷代典章制度的文明風華、承繼當代時勢推衍而成的歷史機緣。而是要能以因承繼而成就自己的智慧事業，如日月無私照臨天下四方一樣，承先啟後，包容輔翼眾生，希冀眾人能夠得到與我所同的自足圓滿。

聆聽世浩的經史演講，你總會被他以經解經、旁徵博引、思辨清晰且言語曉暢的特質所吸引而衷心折服。從他自得自信的思辨闡釋中，我們體悟到經史子籍，原來可以與人生如此貼近，原來傳統經史可以如此活潑開闊。世浩的才情，不只源於父母天縱的聰明，更有師說傳承的經典治世智慧、深造自得的實學工夫，以及承繼千古風流人物的史學陶養。

才情橫溢，不是用來孤芳自賞，而是要能「自覺，覺人」，分享自己體歷所得的智慧；而且「覺行圓滿」，用清順曉暢的文字或貼近真實的生活方式，讓一般人能領悟高明的意境，於是深心有得。

放在心裡，用言行實踐；世浩說：「毓老師當年曾經教誨我們，夏學要有生命而不是成為古董，就必須要講得、寫得讓非文史專業的大多人都能聽懂、看懂，並產生興趣。」

世浩講學著書，確實無愧師訓。問題是這本書裡，世浩「於意云何」，想傳達的精義是什麼？太史公述作史記用意極深，世浩承繼史記秦本紀來講歷史，用意何在？面對主要不是專治文史的我們，世浩想激起怎樣的思辨歷程，想引發怎樣的思維內涵？

首先，世浩在前言裡，呼籲大家要能直讀史記全文，不要總是於片言隻語裡搜尋全貌，也不是從別人導讀中試求真味；暗示也不要只聽他的。

遵從他的建議，我找出韓兆琦先先譯註的中華書局版全註全釋史記，也尋得瀧川龜太郎先生的經典《史記會注考證》。以看金庸小說的心情，欣讀史記文本；偶有古文罕辭難解，參讀註釋或白話翻譯，雖「不求甚解」也可隨意通曉。略通本文、興味盎然之餘，再從容不求近功地欣賞各家集解、索隱、正義、考證；見解不同的地方，也不執著標準答案，就會有欣賞詩詞時「一文多義」，領略多種意境的興味。回頭再看世浩說書，「原始察終，見盛觀衰」縱論大秦興亡；於是，我們會拍手驚喜發現，世浩講得比千百年來註解史記的名家，精采深入多了。

事實上，世浩若不能振衣昂首，超越先賢註解；隨歲月淘洗，在讀者心中持續發生深遠的影響與共鳴，此書便無足輕重。能把深蘊的歷史智慧，以輕鬆曉暢的言語文字表達出來，是種功力與用心。全書字裡行間，隨處可得令人驚喜的人生哲理、與生活踐履中體悟而得的智慧。而世浩於大秦帝國因「仁義不施，不知攻守異勢」而驟然灰飛煙滅；領導國家，想成霸業必須「求賢容眾」；以及謀國為政「戒之在貪」等施政大緊要處，再三致意，更是發人深思。

居仁由義，長治久安

秦襄公立國，就志在成就霸業，所以太史公說「君子懼焉」。經過數百年勵精圖治、尊君求賢、獎勵農戰、連橫外交、卻也嚴刑重殺，雖然終於強霸而有天下，卻不足以長治久安。「就在他們最輝煌的那一刻，卻迎來了灰飛煙滅的結局」。「見盛觀衰」以史為戒，「泰極否來」而不是否極泰來，本來就是易經卦序的深義。

賈誼在有名的〈過秦論〉分析結論秦朝速亡的原因，在於「仁義不施而攻守之勢異也」。天下已定，就再也不可以不仁，而重刑嗜殺。嚴刑峻法嗜殺，可以收效於一時，但無法令人安身立命，無法令國家長治久安。

說起「仁義」，大家心裡不禁會有陳腐迂闊的成見。然而令人覺得陳腐的文字，往往不是文義本身陳腐，而是我們胸懷陳腐，未曾深究文字真意。

「仁」簡單講來，就是對生命的尊重和喜悅，一種生生不已的感發力量。敬重生命，因萬物生生不息而喜悅，所以會有「民吾同胞，物吾與也」的人世關懷，也會有著「是亦人子也，汝其善待之」的不忍與不捨，以及「視民如親」的生活踐履。視民如自己的親長子女，自然會有一種用心與周到，以及無怨無悔的傾心奉獻；所有施政立法，愛民「如保赤子」，宛如善待自己的親子，絕不會有一絲暴虐偏執。人民感懷其仁，有著可以安身立命的信賴，國家社稷自然得以長治久安。

「義」簡單地說，就是隨時合宜；處理事情能隨著時勢變化，而有最好的結果。「徒善不足以為政」，想要仁民愛物，不見得就真能仁民愛物；愛人是要有能力，要有「審時度勢」善解不同時勢問題的能力。勢隨時遷，妥善解決問題的方式也要與時俱新、隨時變化；所以易經強調，凡事「不可為典要，惟變所適」；個人行事、企業經營與國家發展，都不可拘泥守舊，要能隨時創新改變，止於至善，才能生生永續。

仁是生生不息，是能生生不息，施政視民如親；義是與時俱新，是能與時俱新，合宜經營永續。個人要安身立命，企業要永續經營，國家要長治久安；「居仁由義」捨此無他。

捨君與我，餘子誰堪共酒杯

秦國所以強大，在於變法與用人惟才。秦繆公重用百里傒奠立國基，秦孝公頒布「求賢令」而有商鞅變法，秦惠文君重用張儀而進行連橫外交。錢穆先生更指出秦國的興起，在於用人惟才，且「多為東方遊士之力」，人才不必出自秦國。中興以人才為本，這也是世浩所再三致意的。

「求賢、薦賢、用賢」才能成就事業，大家都知道。問題在於「孰能致此？何能致此？」要如何能夠吸引賢才，求得賢才；賢才薦舉更多的賢才，而能盡為我所用；而我也能善聽其言，善盡其才？

「良禽擇木而棲」；要求得賢良豪傑之士，你必須「當位」是主管、總裁、國家元首，或有「當位之勢」有主政的潛能，才有機會薈萃精英。「在其位，方能謀其政」；只有掌握地位、資源、時勢、機會與人才，才能成就事業；別人也才願意獻身，共襄盛舉。

當權或是儲君，有幾個必要的條件。首先，你必須有理想抱負，有開創事業的企圖心或建國君民的宏遠規劃。胸無大志，就不必求賢了；胸無大志，真豪傑之士也不會應求而來。

其次，求賢要有識人的能力。問題在於：要如何培養識人的能力？

「識人難，用人更難」；用人要能篤信專任而不懷疑，才可以人盡其才，共成大事。問題是：如何區別自信果決能斷的英明用人，和獨排眾議偏頗專信邪佞的失德誤用？

最後，歐陽修也慨嘆「用人之難難矣，未若聽言之難也」；滿朝賢能大臣，意見不同時，你如何能廣納良言，兼聽正反意見，且能做出正確決斷？

「千古風流人物，聖君賢相幾何？」要做個卓越的領導人物，安國淑世，談何容易？你立志要成就大事業，就得要有足夠的能力，就得下真工夫，培養真本事；不止培養自己，還得培養自己想要的人才。在你規劃想要發展的事業，學術或政治領域之中，你必須「深造自得」造就自己成為大師，能通盤掌握大局，無人能及；這是在所專注的領域之中識人聽言的基本條件。

「如有所用，必有所試」；用人，要透過實務臨事歷練來考核；但這不只是考核別人，更是用來培養自己、認清自己能力的不二法門。

「敬業樂群」；要崇敬願想、開創事業、治國淑世，必須要英雄薈萃、群策群力。「天下英雄，捨君與我，餘子誰堪共酒杯」的豪情，是英雄攜手打造天下的重要基石。百里傒受秦繆公重用的首務，是舉薦洞察事理、機先遠見勝己的蹇叔。為國薦賢舉才，確是美談；但人要有無私推舉，推舉以後名聲地位可能因此超越自己的創業對手的胸襟氣度，又談何容易？想要成為廣邀英雄共成大業的豪傑，必須要有開創事業的雄心、要能收拾嫉妒心、要能「敬事而信」因敬事而有自信。

人要是沒有大志，心中沒有高遠的目標或理想，就容易只想成就小我的地位名利，凡事比較，不願意承認或收拾自己的嫉妒心，就不容易有「生而不有、為而不恃，功成而不居」成功不必在我的胸襟氣度。其實，「不居功」才是不遭人忌，不功高震主、長保身家的聰明處世之道。

「尊賢容眾」，大家都會隨口呼號；但心中卻是「既生瑜，何生亮」的嫉妒比較。要怎樣才能收拾嫉妒心？世浩點出百里傒之所以願意舉薦蹇叔，是「他深知自己的才華所在，並非任何人所能輕易取代，所以有足夠的自信」。是的，只有深具自信的人，可以真實自然地誠心欣賞別人的優點或成就，讚賞而不嫉妒，不必嫉妒。問題是：如何建立真實的自信？

「君子深造之以道，欲其自得之」；自信，並不是只靠聰明就可以有的；而是要遵循方法，下真工夫努力，在自己專業的領域上，建立別人不能跨越的鴻溝高牆，覺得有所成就而深具自信。自信，所以能有「人不知而不慍」不汲汲於虛名的修養工夫，持續培養自己的能力，「藏器待時」等待最好的時機。

自信，也不必然凡事都要比人強。「在其位，謀其政」在自己的本份專業上，將自己的才性發揮極致；「敬事而信」自己該做的事，做得比別人好，就自然可以有問心無愧的自尊自重，以及因此衍生的自信。自信，所以能薦賢容眾，和英雄把手言歡，惺惺相惜。

非吾可者，一介不取之於人

世浩不斷強調「一個人之所以會被騙，不是因為他笨，而是因為他『貪』」。秦繆公無法抑止自己進入中原的貪念而全軍覆沒；虞國國君貪圖玉璧和寶馬，終於導致亡國；楚王覬覦商於六百里土地，竟以張儀為相，結果兵敗失地。

歷史殷鑑，十騙九貪。自詡大智大慧的人，仍不能免於被騙，多是因為見獵心喜而有貪念；於是明知有風險，卻希望也自信能投機取巧，行險僥倖，最後多以被騙的結局收場。個人名譽身家事小，企業經營、國家治理豈容行險僥倖而覆亡？問題是：「知機權變」掌握機會，見機而作，應變致勝；和「投機取巧」怠惰貪求，權謀詐術，行險僥倖，有何分野？志士仁人，又要如何能有不貪的定力與能力？

有別於「投機取巧」怠惰貪求，「知機權變」是種「守經權變」為公而不為私；「知機權變」是「藏器待時，見機而作」平時做好應變的準備，等待時機，有所作為。

「守經權變」是指要能守往常理，守住為生民立命、為企業謀永續、為萬世開太平的願想，「守經」才能權變。所以「公羊春秋」強調「權者，返于經然後有善」；對國家及公眾事務有所善助，而不是為了個人地位身家性命或私利，才可以權變行事。

「藏器待時，見機而作」是要能洞燭機先，預想個人修養、企業發展、或國家奠基的方向，做好應變的準備，「待時而動」才能掌握時勢，在時機來時乘勢發展。「待時」不是空等待；而是不斷淬練智能，磨拳擦掌，凝眸虎視，遠眺時機，等著奮身出手。否則，不能善度時勢、謀定而動，沒有準備，投機取巧，隨時見獵心喜，見機轉舵，很少不翻船的。

「知止而後有定」；知道自己能力所「止」，知道謀定的人生工作方向，以及所籌劃、準備、努力的程度，就知道預期應有的收穫。「要怎樣收穫，先怎樣栽」；超過應得的，就是貪。「非吾可者」不是自己努力的，不是自己應得的，就該一介不取之於人。所以要不貪，得有知止自明的能力，要能不自欺，要下世浩引述論語所說「吾日三省吾身」的工夫。

三省吾身，每日多次客觀地審視自己的言行，但也不盡然是那麼嚴肅地「修理」自己。你儘可以把自己當藝術品來審視欣賞；猶如朱光潛先生談美、談藝術欣賞時，你可以隔個「距離」，摒除人生實際利害的羈絆，真實貼切地面對自己見諸於思想行事的優點和缺點。懷著欣賞與關懷的眼神，隔個適當的距離來看自己，你可以有種超然的客觀而又不失溫情。

省觀自己，不必悲懷如王國維先生那樣「試上高峰窺皓月，偶開天眼覷紅塵，可憐身是眼中人」；遠觀自己的人生，有種悲憫可憐的覺悟與關懷。靜觀自己，其實有時也可以是很自在愉悅的。活活潑潑融入紅塵，不孤芳以自賞，不孤高以自苦，和而不流又時有作為，為人處世不必淨是悲懷。

行走坐臥之際，即使在等個紅綠燈的當兒，也可以笑看自嘲自己的缺點。「大德不踰閑，小德出入可矣」；小缺點只要看好不作亂，不必一定要「革命」，革自己的命。能笑看自己的缺點，就容易真實地面對自己。能真實地面對自己而不虛假，「慎獨」自省，智慮清明，不自欺，才可以領悟什麼是該有應得的。

「天上掉下來的禮物」還沒準備好就拿到手的，通常是種災難。個人如此，政權遞嬗又何嘗不是如此。

人生的精采喜樂，有時不在於努力追求到自己所不當有的；而是在於能自知自明，能要而不要，當捨就能捨，能捨得自己不應有的，於是豁達自在。

觀於人文，以化成天下

身為臺大歷史系的老師，身為奉元書院的講座，世浩以其蘊涵於經典子籍的智慧、見諸生活踐履的實學、思辨理路清晰的言辭，嘉惠許多莘莘學子與社會賢達。「傳道、授業、解惑」的傳統說辭，並不足以形容世浩演說興學、著書傳世的風采和人文關懷。從與他交談、聆聽講學時，顧盼之間，那種「文不在茲乎」的自信與從容，讓人覺得「觀於人文，以化成天下」比較接近是他的寫照與期許。

「觀於人文」慧眼獨具，審觀數千年人文歷史的風華；「化成天下」實學篤行，興發思維、引領思辨，得到普世的共鳴而化民成俗。所謂「成俗」，就是讓經史典籍所深蘊的智慧，自然融入人生，成為日常生活裡活潑真實的一部分；動靜語默，無一不美而欣足自得。

師門遺訓「以夏學奧質，尋拯世真文」；以華夏學問的深奧智慧，尋思踐履能輔佐治理天下的人文典章制度。這就是「文化」，人文化成的真諦。

世浩一向無愧師承，無愧所學。

推薦序——

從秦人的性格，看秦國八百年的興亡歷程

【前故宮博物院院長・輔大博物館學研究所講座教授】周功鑫

歷史是對過去人與事的記載。這些歷史裡的人物或事件，不論是成功的或失敗的，都可作為當今我們的借鏡與學習。本國歷史的認識有助於智慧的獲得與自信的建立，國外歷史的學習能夠拓寬我們的視野與提升自己的眼界。因此，我們的成長或自我提升，歷史是不可不學，並且應終身學習。

歷史既然那麼重要，因此閱讀有關歷史的書籍應是生活裡不可少的課題。坊間有關歷史的書籍無以數計，多元、多樣，然而能以新穎、活潑手法撰寫歷史，誠屬少有。呂世浩老師就是這些少有中的一位。尤其要向讀者們特別推薦呂世浩老師最近的新作《帝國崛起——一場歷史的思辨之旅2》。我們從這本書的書名已經讀出呂老師的用心與創意。他希望讀者不只是讀史，同時在

閱讀時訓練讀者用思考建立自己獨立的想法並從中獲得智慧。

本書最大的特色，呂老師採用問題導向的陳述，帶領讀者作大腦運動，讓文字的敘史，深深進入並建構讀者知識層面的認識，活化了歷史，同時也深化了讀者的學習。

再者，本書論述系統清楚，結構性強，以秦人的人格特質——奮鬥的意志及百折不撓的精神為核心，陳述秦人的來源、興起、立國、統一中國，乃至滅亡，並串以秦人早期的特質，如何後來成為秦人的惡性，並導向衰亡，皆有精采、詳實的剖析。此外，在秦國不同時期的人物皆有深入、透徹的人性分析，並在事件上呈現高妙的評論，為讀者，尤其青年讀者提供人生的借鏡及反思的訓練。

《帝國崛起》又是呂老師於今年年初出版的《秦始皇——一場歷史的思辨之旅》的前身，即前傳。若讀者尚未讀過呂老師《秦始皇》，本人建議讀者將呂老師的兩本著作一起閱讀，先讀即將出版的《帝國崛起》，再續讀《秦始皇》，讀者將更能夠深入瞭解為什麼秦人的努力進取及奮鬥不懈的人格特質，後來卻變成秦人的惡質習性，並快速走向滅亡的背後原因。這是本以史鑑今，難得的好書，特予推薦。

獨具慧眼，發千古所未發，不得不令人讚賞！

【政治大學歷史系退休教授】孫鐵剛

這本《帝國崛起》與《秦始皇》是一部姊妹篇。按歷史的進程，《帝國崛起》在前，《秦始皇》在後。把這兩本書合著看就是一部完整的秦國歷史。讀過《秦始皇》一書的讀者，都會認識到作者長於追蹤歷史事件的原委，善於分析歷史事件的因果。除此之外，作者對於歷史事件有獨特的看法，也就是荀子所說的「有所見」。這本書也不例外，長於追蹤，善於分析，和「有所見」。

《秦始皇》是講《史記・秦始皇本紀》的一本書，這本《帝國崛起》是講《史記・秦本紀》的一本書。讀過《史記・秦本紀》的人可說不計其數，講〈秦本紀〉的人也不在少數，但都不如作者在這本書講得這麼精采。作者獨具慧眼，從〈秦本紀〉讀出秦人是個多難興邦、善處逆境的民族。這樣的看法，發千古所未發，不得不令人讚賞。

雖然，秦帝國到秦二世嘎然而止，但「漢承秦制」，秦人的文化已滲入中華民族文化的傳統中，秦人的血液已流入中華民族的血脈裡。二千多年來，風風雨雨，驚濤駭浪，中華民族始終屹立不搖、歷史不斷，這是世界上其他民族所不能望其項背的。這就是中華民族善處逆境、多難興邦所成就的。我們民族承繼了秦人的文化與血液，外國人不是管我們中國叫「秦哪」（China）嗎？

《秦始皇》一書導引讀者如何閱讀《史記・秦始皇本紀》；這本《帝國崛起》是導引讀者如何閱讀《史記・秦本紀》。當你拿著這本書與《史記・秦本紀》對看的時候，你會驚嘆作者的聰慧和學力深厚，同時也學會了閱讀史書的方法。沒有讀過《秦始皇》的讀者，不妨找那本書一讀。

中華文化不絕如縷，作者這本書和《秦始皇》都是遍及中華文化之作，引起大家的興趣，讓中華文化傳承下去。這本書是一本開卷有益的書，因此鄭重推薦。謹為序。

推薦序——

追求更加卓越的教育

【臺灣大學教務長】 莊榮輝

在現代社會中，大學教育究竟應該扮演一個什麼樣的角色？這是個值得所有大學教育工作者時時刻刻省思的問題。除了藉由學術研究來累積發展人類知識文明外，大學還有一個無可取代的任務，就是傳承這樣的知識文明成果，積極啟發下一代的品德、智慧和能力。

數十年來，國內高等教育機構不斷向研究績效方面傾斜，對教學品質之良窳相對漠視。長此以往，不但大學存在的價值與意義將逐漸消失，國家社會也將因為人才的日漸匱乏而自食其果。

國立臺灣大學身為全國頂尖學府，對於如何善盡一流大學的社會責任，如何悉心教導學生成為品格健全、德智兼備的新時代人才，向來念茲在茲。

基於這樣的理念，本校於二〇〇六年正式成立「教學發展中心」（Center for Teaching and Learning Development, CTLD），希望藉由各種激勵制度和配套措施，重新煥發老師的教學熱誠與同學的學習動力，創造世界一流的高等教育環境。

「中國古代歷史與人物——秦始皇」課程，是本校歷史學系的呂世浩老師受校方邀請，在臺大教學發展中心團隊的大力支持下，以MOOC（Massive Online Open Course）方式所開設的人文通識課程。這不但是世界最早的華語MOOC課程，更成為全世界最受大陸學生歡迎的華語課程（據Coursera統計）。這門歷史課程有別於過去強調記憶的教學方式，令人耳目一新，呂老師透過精細設計的各種問題，讓同學不斷地進行思辨訓練，並激發新的反思，藉此重新認識了學習歷史的樂趣與價值。

本書正是繼《秦始皇——一場歷史的思辨之旅》後，呂老師將課程內容所集結出版的第二本著作。相較於上一本暢銷著作，這本書分析的時間更長、視野更大，如同前言所說，歷史教育想要培養的「正是眼光不局限於當代的人才」。這種希望突破現實局限的教育精神，和臺灣大學的教育目標是一致的。

而呂世浩老師在課程上所獲得的大量肯定和鼓勵，更可以看出教學發展中心多年來提升教學品質的努力，確實已收到成果。

個人很高興為各位推薦這本優良的歷史課程著作，也深信這僅是個開始，未來會有更多雅俗共賞的教育成果呈現在大家面前。使臺大在「教學」與「研究」兩方面都符合社會各界的殷切期待，真正成為世界一流大學。

推薦序——

呂老師的活學歷史，是培養關鍵思考的絕佳入門途徑

【萬泰商業銀行總經理】張立荃

我與呂老師結緣在一年半前，因好友力薦而去聽呂老師親授的論語，沒想到上了第一堂課就著了迷，原來中國的典籍竟然可以這樣讀的。在這樣「入門」之後，接續上了《大學》、《中庸》與《孟子》，也淺嘗了《公羊春秋》、《資治通鑑》與《易經》。這才重新認識我們日常生活的用語、價值觀，居然與中華古典文化如此關係密切；就像我們一般耳熟能詳的「否極泰來」、「循序漸進」與「水火相濟」等成語，原來都是從易經卦象演化過來的。

所以，當知道呂老師在Coursera開秦始皇的課時，很高興地立刻上網報名。聽完九週的課程感受良多，除了課程內容的心得收穫外，令人驚訝與欣慰

的，是這堂歷史課吸引了兩岸三地上萬的學生選修；學生中有年輕學子，也有很多像我一樣是已過半百之人。從每個禮拜討論區裡的熱絡討論中，可以明顯看出呂老師提問式的啟發教學方式，普遍受到學子的熱烈歡迎；尤其他直指人性的剝洋蔥提問法，更帶動學生在討論區發表各樣多元的問題與討論，也讓大家重新認識中華文化的實用性，與對人生問題的貼近性。如果有更多的老師能夠利用這樣的平台，以活潑啟發式的教學方法引領大量學生重新認識中華經典，說不定真能帶動中華文化的文藝復興。

而呂老師講秦始皇就像在MBA帶個案一樣，一邊講故事，一邊問問題；逼著大家去想發生這樣結果的原因，然後會如何發展？這也就是老師所講經史做學問的方法：經典所說的道理，都要能在歷史的個案裡得到驗證，經過這樣驗證的道理才是有用的，才能禁得起時間與人性的考驗。譬如老師談到秦始皇的成功，就是因為他為了取得天下，可以做到理智戰勝情緒，只要對取得天下有幫助的，要他吃下自己的話，或做自己不願意做的事都可以。秦始皇因為嫪毒造反而放逐了自己的母親，但後來聽從諫言，為免天下人才因其不孝的名聲而不願入秦，刻意再把母親接回咸陽；也為了同樣的理由，接受李斯的〈諫逐客書〉，撤銷他因為間諜案所下的驅逐外國門客的命令。同一個秦始皇卻在達到人生目標，取得天下後，卻因為放縱自己讓情感放在理智之上而丟掉天下。下面是我最喜歡呂老師分析的一段：以秦始皇這樣可以為得天下這麼壓抑自己的人，又為了什麼失去理智呢？是「驕傲」與「貪」；得天下後目空一切的驕傲導致自欺，就會對危機的警訊與諫言置之不理甚或厭惡；達到目的後的放縱，貪圖虛榮享樂，貪圖長壽就會容易被人欺，煉長生不老仙丹就是一個好的例子。

呂老師這本新書是《秦始皇》的前傳，把歷史鏡頭前推五百年，呈現秦代祖先如何代代相傳，依靠「詐術」與「暴力」，以求速成「強國」的運作，最後卻也因此而禍起蕭牆，盡失天下，非常引人深思。在我看來，這本書又是呂老師另一個個案教學的好教材。他以秦國得天下到失天下的案例，闡析王道、霸道與強道之取捨，不但對從事政治相關事務的人有醍醐灌頂之功，對所有管理階層，或負責商業決策的讀者，亦提供了一個嶄新的觀點角度。呂老師文筆洗練，全書有趣易讀，引人入勝，相信在學學子亦會學不釋手。

讀歷史不能只慨嘆古人的光榮或錯誤，總應回頭想想自己的處境是否有可以適用的教訓。人文科學不像自然科學，可以控制實驗環境的條件。但歷史給予我們豐富的殘局集錦，讓我們一一推敲，找出自己對現今環境的對策。讀書要能有用，不然就是讀死書。最近聽到大陸清華大學經濟管理學院錢穎一院長對大陸教育問題的檢討，說目前的教育方針可能對於現行大陸以模仿與改善型的產業特性還可以適用，但面對未來需要新創的產業轉型卻是致命傷。未來經濟轉型發展所需要人才的關鍵，是創意與關鍵思考能力（critical thinking）。呂老師的活學歷史，我個人認為是培養關鍵思考的絕佳入門途徑，透過中華民族浩瀚豐富的經典與歷史資產，以有趣且具啟發性的方式培養學生自我學習與關鍵思考能力。而目前大學教育除了投注大量資源在提升研究能力與世界排名外，實在應該致力培養優秀教學師資，可利用目前正處於起飛階段的翻轉教學方式，將優秀的老師的影響力發揮到極大，真正做到受教權的平等，也讓產業在面對轉型時，能得到足夠具備關鍵能力的人才。

目錄

前言——

原始察終，見盛觀衰

這一本書主要想談《史記・秦本紀》中所記載秦始皇祖先們的故事，也就是秦國的歷史，各位可以把它當作《秦始皇——一場歷史的思辨之旅》的前傳。當然，這也是我的MOOC課程中的一部分，不過本書的內容要比我課堂上講的多得多。

想要寫這本書，主要來自三個動機：

第一，因為想要真正瞭解秦始皇。

要真正瞭解一個人，光是知道他的一生還不夠，還得瞭解他所生長的家庭背景。一個人生長的家庭或家族，往往對他一生的性格和態度的影響極為深遠，不管是正面或負面。

在《秦始皇》中，我談到了秦始皇的一生。但真正要瞭解秦始皇，光是這樣還不夠，我還希望幫助各位瞭解他的祖先們究竟是一群什麼樣的人。而後各位就會發現秦人的性格和傳統，是如何深深地影響著秦始皇，讓他一步步走向了成功和失敗。

第二，因為秦國本身的歷史極為精采，值得大家一讀。秦人歷經了長約千年的奮鬥，面對無數的坎坷和起伏。從被當權者當成炮灰開始，一路苦鬥奮戰，最後終於成為了天下的主宰。但是就在他們最輝煌的那一刻，卻轉眼迎來了灰飛煙滅的結局。

歷史學的長處，在於透過長時間、大視野，去觀察人類的現象。有時候對某些事情，光是一代看不透；但如果數百千年從頭到尾合看，就會赫然發現原來是這麼回事。這就是《史記》中所說的「原始察終，見盛觀衰」，中國傳統史學想要培養的正是眼光不局限於當代的人才，而我希望藉由這本書作為例子，把各位帶入歷史學的世界之中。

第三，因為希望大家靜下心來，好好品味經典中的文章。

近年由於網路資料庫的發達，我發現部分同學們越來越仰賴電腦檢索，以進行歷史的學習和研究。科技的進步當然是件好事，但這也造成了許多人只

● 太史公之祠墓（陝西韓城）。史學傳千古，神威鎮一峰。

把傳統文獻當成是支離破碎的史料，卻不願意花時間靜下心來，好好從頭到尾讀完一篇經典中的文章，這是一種很大的遺憾。

《史記》是中國古代的史學經典，我一直希望引導更多人進入《史記》的世界，而這本書就是一個嘗試。本書節選了《史記．秦本紀》的部分精華內容為基礎，當然也結合了相關的其他文獻和考古史料作為證據，請大家一起來好好讀讀這篇大文章，看看太史公到底想說些什麼？

雖然現代學者對於《史記．秦本紀》的記載，從史事、年代、地點、人名都有各種不同的看法，眾說紛紜，各持己見。但相信誰也不能否認，《史記‧秦本紀》迄今仍是記載秦國歷史極為重要的基本史籍，目前為止仍無可取代。

最後要說明的是，本書的目的仍在於示範如何以思辨學習歷史。文各有主，因此儘可能地集中在史事與人物的行為分析上，限於篇幅不可能加入太多繁瑣的考證，敬請大家海涵。

如我上一本書所說，在人文學的世界中，往往不存在「標準答案」，只有好和更好的答案。每個人都有著屬於自己的智慧，在這本書中我也只是提供我的想法給各位參考。希望各位在讀了這一本書後，在反覆自問「在歷史上的那一刻，如果我是他，我會怎麼做」的思辨訓練後，能夠獲得更多的智慧啟發，這是本書的衷心所願。

第一章——如何抓住機遇？

這一章要從秦人的祖先開始談起，我們先來看看秦人的祖先是誰？他們又起源於什麼樣的環境？

> 秦之先，帝顓頊之苗裔。

《史記・秦本紀》是從這一句開始的，在這裡太史公很清楚確定地跟大家說，秦的祖先是「帝顓頊之苗裔」。

什麼意思呢？根據《史記・五帝本紀》，太史公認為中華文明的始祖是黃帝，而顓頊是黃帝之孫，也就是五帝之一的高陽。因此《史記・秦本紀》說秦人是「帝顓頊之苗裔」，開宗明義正是要告訴你，他們同樣是黃帝的子孫。

對於秦人的起源，近代某些史學家並不認同《史記・秦本紀》的說法，有著和太史公極為不同的意見。但各位不要急，我在後面就會談一談這個問題。

孫曰女修，女修織，玄鳥隕卵，女修吞之，生子大業。

帝顓頊的苗裔中有一位女性的子孫，叫作「女脩」。有一天在她紡織的時候，天上的玄鳥掉了一顆蛋，這位女脩吞了這顆蛋之後，居然就懷孕了，生下來的孩子就叫「大業」。

各位聽到這裡，想必會覺得很奇怪，怎麼可能會有這種事？女人吞了一顆鳥蛋，就會生出一個孩子？難道這種故事是為了告訴我們，上古危機四伏，女人十分容易懷孕，連鳥蛋都不可以亂吃嗎？

●顓頊高陽氏

當然不是。

像這樣的神話傳說，在上古時代實在是太多太多了。商人的起源，同樣是位女性，一樣吞了鳥蛋，最後就懷孕生

下了商的祖先。周人的起源更神奇，也同樣是位女性，這次她沒有亂吃東西，只不過走路時踩到了一個巨人的腳印，結果一樣懷孕，生下了周的祖先。

這些先民傳說，完全違背了現代科學常識。因此今天有許多同學讀到這樣的故事，就覺得這些東西都不可信，認為《史記》真是一本亂七八糟的書，我們乾脆不要讀。

對於不能接受的東西，採取駁斥或蔑視的態度，這是很容易的事。但我希望各位想一想，世間萬事萬物背後都有隱含的訊息，能否讀出它背後的意義，就是智慧之所在。

這些上古的感生傳說，背後到底隱含了什麼樣的意義？

現代學者最感興趣的，往往是這些故事在圖騰和民族研究的意義。事實上除此之外，這些傳說的背後至少還隱含了兩個意義：

第一，在這樣的神話傳說中，對於女性祖先往往記載得很清楚，可是對於男性祖先常常是有爭議的。這就代表著這些傳說誕生的時代背景，是「只知有母，不知有父」的母系社會，反映了從母系社會到父系社會的變革。

第二，這些上古氏族所以熱中於流傳這樣的神話，無疑的是想告訴大家，他們的祖先和一般人的祖先不一樣。一般人的祖先是人生的，他們的祖先不是人生的，至少在男性血緣的部分不是人類。他們的血緣是來自於神或者來自於天，從生下來就跟一般人不一樣。

這種觀念，完全是三代血緣貴族時代才會產生的想法，因為那是一個以血緣決定一切的時代。貴族的子孫永遠是貴族，奴隸的子孫永遠是奴隸。它無疑的是告訴你，貴族的血緣從祖先誕生的那一刻起就是神聖的，因此他們能夠高高在上統治一般庶民，這是理所當然。

大業……生大費，與禹平水土。已成，帝錫玄圭，禹受曰：「非予能成，亦大費為輔。」

我們繼續往下看，大業雖然是感天而生，但在歷史上並未留下什麼驚人的事蹟。但他的兒子大費，卻相傳曾參加大禹治水的事業。功成之後，帝舜賞賜大禹禮器來獎勵他的功業，這時大禹卻說：「這不是我一個人的功勞，因為有大費輔佐我，所以才能成功。」

在中國歷史上，大禹是一個很受爭議的人物。他對於天下有治水的大功，可是在他死後卻從禪讓的公天下變成了傳子弟的家天下。因此在〈禮運〉中，孔子不稱禹為聖人，而稱他為六君子之一；在《論語》中，孔子也只淡淡下了「吾無間然矣」（我沒有什麼好批評的）的評價。

但我每次讀到這段記載，就會深深感覺大禹實在是一位胸襟過人的領袖人物，因為他居然願意推薦傑出的下屬給上位者！能念念不忘他人之功，方能得人之死力，歷史能做到這一點的人，其實是不太多的。

大費拜受，佐舜調馴鳥獸，……舜賜姓嬴氏。

後來舜因為禹的推薦，也賞賜了大費。大費在治水之後，又幫助帝舜「調馴鳥獸」，立下了許多功勞。

在上一本書中，我曾經提過在仰韶到龍山的第一次巨變後，社會階級開始快速地分化，產生了所謂的血緣貴族。而這批人所以能夠長保兩千年的統治地位，除了強調血統的神聖性外，其實還有一個非常重要的原因，那就是他們壟斷了知識。

這些貴族們，多半掌握了一門到數門的專業知識和技術。有的氏族專長天文，有的氏族掌握占卜，而秦人的專門技術就是調馴鳥獸，後來在馴馬跟馭馬方面更是特別傑出。各種高、精、尖的知識，在那個時代只能在貴族之家中代代傳承，這些人便藉此來保持他們優越的地位。

而因為大費有「調馴鳥獸」的功勞，帝舜「賜姓嬴氏」。在上一本書中我曾經談過姓與氏的分別，秦始皇所以姓嬴，正是從此而來。

秦人的祖先是否真的起源這麼早？是否真的曾經參加大禹治水和為舜馴獸？或這都只是先民萬神殿式的傳說？現代學者對這些問題，有各種不同的意見。但是，至少秦人自己對這些祖先傳說是深信不疑的。

> 其玄孫曰費昌，……。費昌當夏桀之時，去夏歸商，為湯御，以敗桀於鳴條。……遂世有功，以佐殷國，故嬴姓多顯，遂為諸侯。

大費的玄孫叫作費昌，費昌是什麼時候的人呢？他是夏桀時候的人。熟悉先秦歷史的朋友看了可能會問：「不對啊，大費與大禹是同時的人物，大費到費昌才五代，可是大禹到夏桀足足十四代十七位天子，費昌怎麼可能與夏桀同時？」可見古人連算數都不會，造假都造得如此離譜，其說實在無稽。

其實這可能是後人對「玄孫」一詞的誤解，在古代典籍中，「玄孫」除了有「第五代孫」的意義外，有時也泛指「遙遠的子孫」。例如《左傳》中說「有渝此盟，明神殛之，……及而玄孫，無有老幼」，便是指後者言。

夏桀是夏的最後一位天子，在夏桀的末年，秦人的祖先迎來了決定他們命運的第一次變局。那就是夏商革命，新興的商湯要打倒舊有的夏桀，來建立新的王朝。在這次改朝換代、天翻地覆的變局中，秦人的祖先應該押注在哪一邊？

結果秦人的祖先「去夏歸商」，把全族的命運押在商湯的那一邊，族長費昌親自為湯駕車，幫助商湯在鳴條擊敗了夏桀。他們押對了寶，賭贏了這場巨大的賭博，有了一飛沖天的機會。此後秦人的祖先世世代代都為商朝王室服務，一步一步地建立功勳，終於成為了諸侯。

秦人的祖先原來到底是什麼地位？對此歷史學家有各種不同的看法，有的人認為秦的祖先可能是奴隸出身，也有人認為秦的祖先本來是最低的一級貴族。但不管是哪一種說法，至少從「遂為諸侯」四個字來看，在這之前他們絕對不是諸侯。

這一族從下層透過幾百年的不懈努力，在商朝末年終於得到了諸侯的地位，實在令人佩服。然而得到了諸侯的地位，是不是代表他們此後就可以高枕無憂了呢？

到了商代晚期，費昌的子孫叫蜚廉（有的書寫作飛廉），蜚廉的兒子叫惡來。這對父子在中國的小說《封神榜》中實在太有名了，因為他們是「助紂為虐」的奸臣。

> 蜚廉生惡來。惡來有力，蜚廉善走，父子俱以材力事殷紂。周武王之伐紂，并殺惡來。

從《史記》的描述中，看得出這對父子的才能出眾，兒子是大力士，父親善於奔馳，我個人懷疑這一點和秦人善於駕御車馬與作戰有關。他們父子倆得到商紂的賞識，原本可以憑藉這一點安享富貴。但這一次，秦人在經過了幾百年之後又迎來了第二次天翻地覆的變局，也就是商周革命。一邊是周武王，一邊是商紂王，秦人的祖先應該押注在哪一邊？

很不幸的，這次他們押錯寶了，把全族的命運押在商紂的那一邊。結果當然如各位所熟知的史實，周勝而商敗，隨著商紂的滅亡，惡來也就這樣被殺掉了。

人生都免不了賭博，不管你準備得再充分，思慮再周密，在遇到關鍵抉擇的那一刻，也有不得不賭博的時候。但歷史的殘酷就在於，賭博結果的押對或押錯，往往命運就相去絕遠。秦人的祖先當年押對了一次，在商朝就有了幾百年的榮顯和富貴，但這一次押錯了，他們將會付出什麼樣的代價？又會面對什麼樣的命運？

關於秦人祖先後來的命運，我們等一下再談，在這裡要先問各位一個有趣的問題。

過去的歷史學者對於秦人的起源問題，有著「東來說」和「西來說」兩種完全不一樣的看法。傳統學者相信《史記》中的記載，認為秦人確實是嬴姓一族，而上古嬴姓諸氏族多居於東方一帶，因此秦人本來源起東方，後來才遷到西北甘肅一帶立國，這一派簡稱為「東來說」。但許多現代學者懷疑《史記》的記載，認為秦人其實原本是西戎一族，等發跡之後企圖抬高自己的地位，就偽造祖先的傳說，來比附中原的嬴姓先進氏族，這一派簡稱為「西來說」。

請問各位，你們覺得「東來說」和「西來說」哪一種說法更可信？

對於大多數的現代人來說，由於受到疑古風氣和多元思想的影響，我想很多人都會覺得「西來說」更可信。一個原本是戎狄的蠻族，為了抬高地位並取得統治中原的正當性，故意捏造歷史，說自己的祖先也是黃帝子孫，而且在上古時代立下很大的功勞。這種強調傳統史書有問題，古代歷史多半為後人偽託的說法，在今天是非常有市場的。

歷史的真相如何，在此不敢妄下定論，但我們不妨從考古發現來了解一下這個問題。

西元一九八二年在甘肅甘谷毛家坪曾經發掘過一批秦人墓葬，時代自西周早期至戰國初期，前後延續七、八百年之久。這批墓葬非常特別，隨葬陶器的形態和組合和周人十分相似，可是葬式和周人卻完全不一樣，但其文化面貌亦與西戎沒有相近之處。因此從墓葬來看，秦人似乎既不同於周人，但他們恐怕也不是西戎。

西元二〇一一年，考古學家又發掘了甘肅清水李崖遺址，時代自西周早期至晚期，其中包括許多秦人墓葬。這批墓葬中出土的隨葬陶器，以及墓主人的葬式和葬俗都帶有非常明顯的殷商風格。因此從這些發現來看，早期秦人文化與西北的戎狄關係不大，反而與東方的商文化關係密切。

所以在這些考古遺跡被發現之後，原為現代歷史學者所極力主張，認為秦人本是西北戎狄的「西來說」逐漸乏人提起。而傳統說法，也就是主張秦人出於東方古族的「東來說」，開始佔據學界主流。

當然，各位可能會有疑問，光從墓葬和考古文化來判斷，就能夠完全確定這件事嗎？不必急，這裡我要再引用一條新的材料，幫助各位來思考這個問題。

西元二〇〇八年，位於北京的清華大學接受了一批捐贈的《清華簡》，據專家判斷可能為戰國時代的文書。在這批《清華簡》中有一篇叫作〈繫年〉，其中記載了這麼一條史事：

飛廉東逃于商盍氏。成王伐商盍，殺飛廉，西遷商盍之民於邾虐，以禦奴之戎，是秦先人。

這一條記載說，飛廉在商紂失敗了以後，向東逃到了商盍氏的領地，這個地方相傳就在山東。後來周成王討伐商盍氏，殺掉了飛廉，還把商盍的人遷徙到西邊的邾虐去，這些人就是秦人的祖先。邾虐在哪裡呢？關於它的具體位置，史學家還有不同的看法，但基本認為是在今天的甘肅一帶，這也就是後來秦人立國的地方。

為什麼周人要強迫秦人的祖先遷到遙遠的西方去呢？〈繫年〉裡面講得很清楚，「以禦奴之戎」，就是為了抵禦戎狄。換句話說，也就是秦人的祖先被周人當成了炮灰，把他們遷到西方邊境去和戎狄作戰。

周人真是打得好如意算盤！倘若秦人的祖先戰勝了戎狄，則周人就沒有了西顧之憂；倘若戎狄戰勝了秦人的祖先，則周人沒有損失，還去除了隱患。

但不知在這一刻身為戰勝者的周人，是否意料到在八百年後滅掉周王室的，正是這些炮灰的子孫。

從考古發現和《清華簡》出來之後，在秦人起源的問題上，「東來說」基本上就壓倒了所謂的「西來說」，成為目前大部分古史學者認可的一個觀點。如果上面這些證據真的可信，那麼這就告訴了我們，在沒有堅強證據的情況下，輕易推斷古人是造假，這種做法和盲目相信古人沒有高下之分，「迷信」和「迷不信」一樣不可取。

是的，有些歷史確實可能是偽造的，但這並不代表所有歷史都是偽造的。判斷何者為真，何者為假，需要一一具體論證，不能光憑自己的好惡，輕易就下結論。

被遷到西方的這批秦先人，後來又如何了呢？《史記》記載在蜚廉之後，有一位子孫叫造父，他抓住了一個難得的良機來改變自己的命運。

> 造父以善御幸於周繆王，……，西巡狩，樂而忘歸。徐偃王作亂，造父為繆王御，長驅歸周，一日千里以救亂。繆王以趙城封造父，造父族由此為趙氏。

當時的周繆王（有的書寫作周穆王）喜歡出外長途巡遊，這就需要一個好駕駛幫他駕車，更巧的是周繆王這次想去的正是西方。秦人的祖先特別善於駕御車馬，而他們被流放到西方好幾代，對這裡的環境十分熟悉，於是周繆王找到了造父為他駕車西遊。這根本就可以說是為造父量身打造的機會，雙方於是一拍即合。

人生在世決定你能否成功的，一半是人，一半是天。人的部分就是你的德和能，天的部分就是機遇。光有才能，沒有機遇，只能懷才不遇；沒有才能，等機遇來了，也只能望之興嘆。造父有善御的才能，還碰上了喜歡出遊的周王，這就是機遇。造父緊緊地抓住了這次機遇，因此又迎來了更大的機遇。

周繆王這次的西方巡狩之旅走得很遠，傳說他甚至見過西王母。這趟旅程，實在讓他太快樂了，快樂到忘了回家。此時忽然傳來東方徐偃王作亂的消息，周繆王知道後，著急地希望立刻趕回去平亂。

各位記不記得，在上本書中我曾經說過，這個社會就是「需要」和「有用」。就在繆王需要急著趕路時，造父正好有用，他發揮所長，為周繆王長途高速駕車，「長驅歸周，一日千里以救亂」，因此平定了亂事，立下了大功。從這裡各位就可以看出，秦人祖先擅長御馬，這是他們代代相傳的特殊技能，而且水準遠超他族。

為了獎勵造父的功勞，繆王將趙城（位於今天山西省南部）封給了他，造父這一族便從此稱自己為趙氏。我以前提過，姓是血緣的觀念，而氏是地緣的觀念，所以姓不能變，而氏可以變。嬴是一個姓，姓下面可以分很多氏，太史公算過嬴姓下共有十四個氏，造父這一族就是嬴姓下的趙氏。

秦人先祖的「趙氏」之稱雖由造父而來，但嚴格來說，造父只是秦人的同族。因為當年蜚廉除了惡來之外，還有一個兒子叫季勝。季勝的後代造父，後來成為了趙國的祖先；而惡來的後代非子，後來成為了秦國的祖先。

如果畫成表來看，各位就會更清楚：

蜚廉
- 季勝—孟增—衡父—造父……趙國
- 惡來—女防—旁皋—太幾—大駱—非子……秦國

當時這兩支族人的關係非常密切，因為他們都是炮灰，可以說是相依為命。

大駱生非子。以造父之寵，皆蒙趙城，姓趙氏。

所以造父受封後，惡來的後人大駱和非子也改姓趙氏，這就是後來〈秦始皇本紀〉說秦始皇「姓趙氏」的由來。只是他們萬萬沒想到，在數百年後兩邊的子孫，也就是秦國和趙國，最終成了死敵。

非子居犬丘，好馬及畜，善養息之。犬丘人言之周孝王，孝王召使主馬于汧、渭之閒，馬大蕃息。孝王欲以為大駱適嗣。

造父有幸被封到了山西去，但大駱和非子卻留在甘肅。非子後來又到了犬丘（位於今天甘肅省東部）這個地方，他繼承了祖先「調馴鳥獸」的獨門技術，非常會畜牧馬匹。周孝王從犬丘人那裡聽說非子的才華，於是就命他在汧水和渭水之間主管牧馬。

在古代，馬是一種非常重要的戰略資源，因為牠決定了軍事力量，所以後來有很多朝代都把養馬看得極為重要。因為非子養馬養得實在太好，馬繁衍得非常多，周孝王為了獎賞非子，於是就希望讓非子成為其父大駱的適嗣。

什麼叫適嗣？西周是一個宗法社會，宗法社會最在乎的就是嫡庶之分，正妻生的是嫡子，小老婆生的就是庶子。不論嫡子再怎麼無能，他也會是正式的繼承人；不論庶子再怎麼傑出，他也不能取代嫡子來繼承整個宗族。所以我前面才說，這是一個用血緣決定一切地位的社會，人的一生基本在生下來那一刻就被決定了。而在這樣一個極端重視血緣和宗法的時代，周孝王竟然要以王者之尊，來變更嫡庶的地位，讓庶子成為適嗣，這在當時可說是驚世駭俗，事實上這就是敗壞宗法。

各位不要以為只有周孝王如此，事實上西周有好幾位天子，都很喜歡做「敗壞宗法」這種事。例如周宣王就曾經命令魯國廢嫡立庶，造成魯國大亂；而周幽王更把這一套玩到了自己的太子頭上，西周更因此而滅亡，我後面會再詳談這件事。

周王本來應該是宗法的最高維護者，結果居然自己帶頭敗壞宗法。所以

《史記》探討西周滅亡原因時，一言以蔽之曰「亂自京師始」，正是這個道理。因為周王自己帶頭敗壞宗法，所以諸侯們也不再尊重宗法，西周的大亂就從這裡開始。所以西周是怎麼完蛋的？就是被周王自己玩完的。

姑且先不論後來的發展，我想請問各位，你們覺得周孝王的圖謀能夠成功嗎？

一件事能不能成功，要看本身的條件和當時的環境。如果大駱的正妻沒有嫡子，或嫡子沒有強大的支持者，周孝王的圖謀可能還有成功的希望。但很可惜，上面兩個條件都不具備。大駱不但已經有正牌的嫡子叫成，更重要的是，這位嫡子還有一個實力強大的外祖父。

> 申侯之女為大駱妻，生子成為適。申侯乃言孝王曰：「……申駱重婚，西戎皆服，所以為王，王其圖之。」

嫡子成的外祖父是申侯（有的史書寫作申伯），他是周室的諸侯，地位非常重要，和戎狄的關係極好。申侯知道他的外孫可能會被取代，他馬上就去見周孝王，跟孝王說：「過去申侯和大駱兩家世代聯姻，所以西戎才願意歸服周王，這一切可都是為了周王你啊！王，你自己最好再想一想吧！」

申侯反對的理由不是堅守宗法，不是大義名分，而是告訴周王，如果膽敢打破了「申駱重婚」這個格局，如果讓我的外孫不能繼承大駱一族，西戎就不服，這不就是赤裸裸地要脅君上嗎？

請問如果你是周孝王，這一刻聽到申侯對你這麼說，你會怎麼辦？

周孝王的選擇居然是：打消主意，立刻退讓！

於是孝王曰：「……朕其分土為附庸。」邑之秦，使復續嬴氏祀，號曰秦嬴。亦不廢申侯之女子為駱適者，以和西戎。

他打消了讓非子取代成的想法，而是另外分給非子一小塊土地，讓非子擁有他自己的邦邑，來作為原本大駱一族的附庸。那塊土地在一個叫作「秦」的地方（位於今天甘肅省東部），所以從此非子這一支小宗就有了自己的名號「秦嬴」。「秦」這個名字，正是由此而來。

而孝王也不敢更改成的繼承人身分，為什麼呢？下面四個字，就把原因說出來了，「以和西戎」，可見申侯的威脅還是很有用的。

當然，或許有人讀到這裡，會覺得孝王不是退讓，而是顧全大局、知錯能改。但如果再深想，一個有心顧全大局的領導人，開始又怎麼會發出變亂嫡庶、自壞宗法這樣荒唐的命令？知錯能改是好事，但申侯敢當面要脅周王，事後卻沒有得到任何懲處，請問此後誰還會甘願白白服從天子的命令？這是什麼樣的君臣關係？又是什麼樣的局勢？西周王室權威之淪喪，真是一葉落而知秋了。

第二章——性格造就命運

經過了幾代之後，到了周厲王時，因為天子的倒行逆施，造成許多諸侯眾叛親離，周室出現了嚴重的內亂。國家內亂，外患多半隨之而來，西戎立刻起兵反周。歷史告訴我們，沒有實力去維持的理想，終究只是空想。

周厲王無道，諸侯或叛之，西戎反王室，滅犬丘大駱之族。周宣王即位，乃以秦仲為大夫，誅西戎，西戎殺秦仲。

當初周王為了維持和西戎間的和平，在面對申侯威脅時，只好乖乖退讓。如今周室衰微，西戎立刻就發兵進攻。諷刺的是，最先被西戎消滅的就是那個「申駱重婚，西戎皆服」的大駱一族。存活下來的，反而是當年分出去的附庸非子一族。

厲王的兒子宣王即位後，為了解決西戎的問題，立刻任命非子的後代秦仲為大夫。秦人幾代努力了這麼久，現在也不過只是個大夫。大夫的地位有多高呢？按西周的規矩，貴族由上到下可以分為天子、諸侯、大夫和士四個等級，大夫在封建等級中排倒數第二位，只比士高一級。從這裡就可以知道，秦人此前雖然擁有自己的一小塊土地，但是地位極低，連大夫都不是。

西周是個重視「禮」的時代，因此在當時擔任大夫，需要有和身分相配的車馬和禮樂器。《毛詩序》說：「秦仲始大，有車馬禮樂侍御之好焉」，正是說明此時秦人的統治者才開始進入文明社會。

如果不是因為嫡系的大駱一族被滅，其實非子一族的秦仲也不會有成為大夫的機會。升官晉爵固然是好事，但請各位在秦仲的「大夫」頭銜前面加上「炮灰」兩個字，秦人不過是「炮灰大夫」而已。為什麼呢？因為天下的事沒有白撿的，周宣王任命秦仲為大夫的目的，就是要他率領秦人去進攻西戎。

周宣王像

問題是，西戎哪有那麼好誅？結果秦仲就這樣死在戰場上，被西戎給殺了。

秦仲……有子五人，其長者曰莊公。周宣王乃召莊公昆弟五人，與兵七千人，使伐西戎，破之。

秦仲死了，留下了五個兒子。年紀最大的兒子叫莊公，周宣王就把莊公兄弟五人叫來，你猜猜宣王想做什麼？是安慰他們，還是賞賜他們呢？都不是，是借兵給他們，命令他們再去伐西戎。

如前所述，秦人的祖先由於在商周革命時賭錯邊，選擇了幫助商紂，結果全族被流放到西邊去當炮灰。他們經過了幾百年的努力，希望取得周王的信任，可是到最關鍵的時候，周王還是讓他們到西邊去當炮灰。為什麼呢？因為周人心中，根本就不真正相信他們，更不在乎秦人的死活。

不管再怎麼努力，不管再怎麼討好，都改變不了炮灰的命運。如果你是秦人，請問你該怎麼辦？

秦人的選擇是，奮戰！

遭遇了這樣的境遇，世上有很多人想必都會灰心喪志，甚至自暴自棄。但秦人最了不起的地方，就在於他們永不放棄的奮鬥精神。環境越是困難，秦人奮鬥的意志就越堅強，這個氏族只能用「百折不撓」來形容。

秦人從頭到尾都清楚，自己的命運不能仰賴任何人的恩賜，只能靠自己的雙手殺開一條路。而這一次他們上下奮戰，最後終於把西戎給打敗了。

於是復予秦仲後，及其先大駱地犬丘并有之，為西垂大夫。

因為他們趕走西戎，立下了大功，於是宣王「復予秦仲後，及其先大駱地犬丘并有之，為西垂大夫」。《史記》中的這段文字，透露了兩個訊息：

第一，因為秦人先破西戎，所以宣王才願意讓他們繼承秦仲的大夫爵位。換句話說，如果他們沒有辦法破西戎，那麼這一族的下場會是如何？我說他們被周人當成炮灰看，半點沒有冤枉人。

第二，表面上看來，周王不但把原有的土地還給了他們，還把大駱一族的土地也賜給了他們，真是皇恩浩蕩啊！但仔細一想，這些土地從何而來？不就是靠秦人自己血戰，從西戎手中搶回來的嗎？

秦人從不仰賴別人的恩賜，他們的命運只能靠自己的雙手爭取。

從歷史上無數的事例來看，成功人物最重要的共同特質，就是「百折不撓」。只要還有一口氣在，就隨時有可能捲土重來。這樣的氏族，這樣的人，往往才是最可怕的。

秦人這次雖然成為了「西垂大夫」，但請各位在封號前幫他們再加兩個字。沒錯，他們仍然是「炮灰西垂大夫」。

西元一九八〇年出土於山東滕州的「不其簋」，銘文記載了周宣王派虢季子白率軍戰勝獫狁，虢季子白在班師回朝後又命不其率兵追擊敗退的獫狁，再次取得勝利。現代學者透過考證，認為銘文中的不其就是秦莊公。倘若這樣的結論可信（也有學者對此持反對意見），那麼可以看出秦人如何在周人的要求下，不斷與戎狄進行血戰，以求得一席生存之地。

莊公……生子三人，其長男世父。世父曰：「戎殺我大父仲，我非殺戎王則不敢入邑。」遂將擊戎，讓其弟襄公。

莊公生了三個兒子，長男叫作世父。按宗法，世父本來是法定的繼承人，將來會繼承父親的爵位和土地。但這時世父卻做了一個出人意料的決定。世父說：「我的祖父秦仲被西戎殺了，如果我不能殺了戎王為祖父報仇，我就終身再也不回秦邑。」所以世父就帶領著軍隊去進攻西戎，而把繼承人的位置讓給弟弟襄公。

我希望各位藉此好好看看，秦人的本性到底是什麼？一個原本可以坐上族長寶座的人，寧可不要安享權力富貴，而選擇了孤軍殺進西戎報仇，這是血性多麼強烈的一族！這又是多麼可怕的一族！

當然各位光讀這一段，未必會產生和我一樣的強烈感受。我們不妨拿時代相近的另一個人來作比較。在《史記・鄭世家》中，記載了這麼一段故事：

> 鄭桓公友者，周厲王少子而宣王庶弟也。宣王立二十二年，友初封于鄭。……幽王以為司徒。……為司徒一歲，幽王以褒后故，王室治多邪，諸侯或畔之。

鄭桓公名叫姬友，是周厲王的小兒子，周宣王的弟弟，周幽王的叔父。宣王把他封在鄭這個地方，使他擁有自己的國家成為諸侯。而幽王更任命他為司徒，司徒僅次於三公，是周的「三有司」之一，可以說是位高權重。這個人在當了一年司徒之後，發現幽王因為寵信褒姒，政治倒行逆施，許多諸侯紛紛背叛王室。

如果你是鄭桓公，面對這樣的局勢，請問你該怎麼辦？

身為血緣最近的王室宗親，身為天下有數的諸侯，身為位高權重的大臣，在國和家都處於風雨飄搖的危殆之時，你該怎麼辦？

於是桓公問太史伯曰：「王室多故，予安逃死乎？」

鄭桓公跑去問太史：「王室的禍患事故這麼多，我要逃到哪裡才能免於一死？」

秦人的子孫在最困苦最艱難的時候，仍然不忘記雪恥，要用血性去跟他的敵人拚鬥到最後一刻。周人的子孫安享榮華富貴數百年，到國家有危難的時候，所想的第一件事不是如何匡扶國家，而是要逃到哪裡去才能免於自己一死！

如果只是拿世父和桓公兩個人相比，或許會覺得桓公實在比世父聰明。但如果秦人和周人個個皆是如此，各位不用占卜，也可以看出這兩族未來的命運。誰將興？誰將衰？誰將成？誰將敗？太史公說讀歷史是為了「稽其興壞成敗之理」，為什麼秦國必能崛起，為什麼西周必然衰亡，各位從這裡就可以看得一清二楚。

更諷刺的是，那個一心拚命的世父最後沒死，在一次戰敗被俘後，又被戎人放回秦國。而那個一心想逃跑的鄭桓公姬友，後來卻在西戎、犬戎入侵王畿時措手不及，結果被殺掉了。拚命的未必會死，想逃的卻先死了，歷史有時就是這麼諷刺。

從歷史來看，決定人生成敗的不過就是兩樣東西，第一是運氣，第二是自我要求。什麼是運氣？往大的方面來說，生在什麼時代是運氣。生在什麼國家是運氣，生在什麼家庭還是運氣。往小的方面來說，有時即使是早上出門決定往左邊走或右邊走，後來你的人生可能就完全不一樣，因為某個方向可能遇到一個你從來沒有想像過的人，或碰到一件你從來沒有想像過的好事。甚至有時你早出門或晚出門五分鐘，你就可能因此而接到或錯過一個電話，就可能改變你的一生。運氣對每個人的人生來說，就是這麼重要。

當然，各位可能會問，既然運氣這麼重要，我為什麼還要努力呢？這是因為運氣不可測，世上沒有人能控制運氣，我們所能控制的只有「自我要求」。什麼是「自我要求」呢？就是你真心希望自己成為一個什麼樣的人。注意，是「真心」希望，不是作白日夢時想想而已。必須要真的不斷奮鬥，努力準備，讓自己具有足夠的條件。等到條件具足之後，就等待機會的來臨，然後緊緊地抓住它。

秦人就是這樣一個氏族，他們奮戰不懈，不斷地在等待改變命運的機會。即使在他們全族到了淪為炮灰的最悲慘時刻，他們也沒有灰心喪志，仍然在不斷努力。而接下來，秦人即將迎來一次千載難逢的良機。

> （襄公）七年春，周幽王用褒姒廢太子，立褒姒子為適，數欺諸侯，諸侯叛之。西戎、犬戎與申侯伐周，殺幽王酈山下。

西周末年，周幽王寵信褒姒，希望立褒姒為皇后，同時立褒姒的兒子伯服為太子。問題是，幽王本來已經有王后和太子了，他的王后是申侯的女兒，太子名叫宜臼。為了立伯服為太子，幽王毅然廢掉原來的王后和太子，這又是一次自壞宗法的行為。

但宜臼不甘心被廢，於是他請外祖父申侯幫忙。各位是否覺得這個情節似曾相識？不過這次申侯沒有拿西戎來要脅幽王了，因為他直接勾結西戎、犬戎一起進攻，結果把幽王、伯服還有那個來不及跑掉的鄭桓公都給殺掉了，西戎、犬戎還佔領了位於今天陝西中部的西周京畿之地。於是宜臼即位成為平王後，只好將周室東遷到雒邑。這就是各位過去唸歷史時所熟知的，從西周到東周的巨大變局。

但是各位以前的歷史課本，恐怕並沒有清楚地說明一個問題。為什麼周室不過遷個都城，天下諸侯就會從此分崩離析？周天子的權威就會從此蕩然無存？

原因很簡單，還是因為宗法。在西周時代，要維持天下封建秩序的穩定，最重要的就是宗法，而宗法的核心就是嫡庶。按照宗法，宜臼是嫡長子，即使是周天子也不應該廢嫡立庶。就維護宗法的這一點來說，幽王當然是錯的，宜臼才是正統的繼承人。

但問題在於，太子宜臼面對父王的敗壞宗法，他的解決辦法居然是勾結外族，讓外族來殺害自己的父親和弟弟！這樣一個害死父親和弟弟的人，又怎麼配當天下的共主！

可能有人會說，勾結西戎、犬戎的是申侯，又不是宜臼，怎能算在他頭上？但別人殺了你的父親和弟弟，你不但不為他們報仇，反而接受殺父仇人的擁立為王，說你不是共謀，又有誰相信呢？

所以天下的諸侯，在這一刻陷入了兩難的困境。你不擁護平王，就是不擁護宗法嫡庶秩序。你擁護平王，你就是擁護一個勾結外族弒父的不孝子。那麼請問你該怎麼辦？

既不能對抗，又不願擁護，諸侯們更深深不恥這位新王，因此只有對天子視若無睹。這就是為什麼到了東周以後，周天子的權威一落千丈，封建秩序逐漸崩潰，局勢再也不可挽回的關鍵。

其實當時還有人做出了第三種選擇，就是另立新王。根據《竹書紀年》的記載，當時有諸侯擁立了另一位王子余臣為王，但後來就被一力擁戴宜臼的晉文侯給殺了。各位可以看看，平王登基後沒有發動擁戴自己的諸侯們，去討伐西戎、犬戎來為父王報仇，他的同夥反而是先對付自己人。為什麼呢？因為他們心中清楚，真正能威脅王位的究竟是誰！

雖然天下諸侯對平王極為不恥，但也有幾個不要臉的國家，為了自己的利益來擁護這位不義的周王。哪些國家呢？前面說過想逃跑的鄭國是一個，殺掉王子余臣的晉國是一個，《國語・周語》中就說：「我周之東遷，晉、鄭是依」，可見他們確實出了大力。

而除了晉、鄭之外，還有一個氏族緊緊地抓住了這次良機，那就是秦人。

> 而秦襄公將兵救周，戰甚力，有功。周避犬戎難，東徙雒邑，襄公以兵送周平王。平王封襄公為諸侯，賜之岐以西之地。

秦襄公抓住了這個千載難逢的良機，立刻出兵擁戴周平王。平王為了酬謝他的大功，於是將岐以西的土地封賞給秦人，讓秦襄公成為諸侯。從附庸、大夫、西垂大夫到諸侯，秦人一共奮鬥了兩百多年，付出了無數的鮮血，到這一刻才終於擁有自己的國家，拿回了他們在商朝原有的地位，真是可喜可賀。

但依照前面的慣例，請各位在秦人的「諸侯」前面再加兩個字。再加哪兩個字呢？沒錯，就是「炮灰諸侯」。為什麼呢？秦人可以建國，但土地在哪裡？平王賜給他們的是「岐以西之地」，而那些土地現在全在犬戎跟西戎的手裡。

（平王）曰：「戎無道，侵奪我岐、豐之地，秦能攻逐戎，即有其地。」與誓，封爵之。襄公於是始國，與諸侯通使聘享之禮，……，祠上帝西畤。

所以周平王開的根本是一張空頭支票，平王跟秦襄公說「秦能攻逐戎，即有其地」，言下之意就是你的土地自己去拿，如果攻逐不了戎人，你就沒有那些土地。

為什麼平王這麼做？原因很簡單，因為在周人心中，秦人始終是炮灰。把秦國留在那裡跟西戎、犬戎鬥，如果能打敗西戎、犬戎，秦國就替周人除去外患；如果被西戎、犬戎打敗了，秦國滅亡了，周人也沒什麼好損失的。

但事情總有兩面，就看你怎麼看。對周人來說，炮灰諸侯就是「炮灰」；但對秦人來說，炮灰諸侯仍是「諸侯」。秦人心願得償，終於成為諸侯，他們立刻迫不及待地和其他國家發展外交關係。因為秦人相信只要有自己的國家，就有無窮的希望。

在上一本書我曾說過，看一個人的本性要看兩端。也就是在成功之後，他第一件事會做什麼？以及絕望的時候，他又會做什麼？那麼在這裡，請各位蓋上書，好好想一想：

如果你是秦襄公，在秦人終於有了自己的國家之後，並獲得列國承認之後，你的第一件事要做什麼？

秦襄公做的第一件事，在當時極為驚世駭俗，他居然在西畤祭祀上帝。

各位大概會覺得奇怪，為什麼祭祀上帝會驚世駭俗？因為在西周，什麼地位的人祭祀什麼神祇有嚴格的規定，絕對不可以違反，否則就是「僭越」。依當時的禮制，只有天子可以祭祀上帝，諸侯只能祭祀境內山川之神。而秦襄公不過是一個新立國的小諸侯，他竟然就敢冒犯天子的權力，自行祭祀上帝！

秦襄公這樣的行為，被後人斥責為「僭端見矣」，也就是從此看出秦人有僭越之心。這話講得對不對？講得很對，但還不夠。但我們應該接著再問，秦襄公為什麼甘冒天下之大不韙要這麼做？

天下沒有人敢說，自己的話百分之百正確，當然我也不例外。特別是在上古史的範疇中，總是存在各種各樣的說法，往往因為證據的不足，誰也駁不倒誰。我也只能從各種說法中，找一個比較合理的來進行敘述。雖不敢說一定正確，但可以向各位保證，我寫的東西必有根據。不過偶爾我也會有一些看法，並沒有史料上的根據，只是個人的推想，這時我就會在書中寫：「以下是我個人的意見」，只是給大家做個參考。

以下是我個人的意見。

為什麼秦襄公要像天子一樣祭祀上帝？因為秦人的先祖，自從商朝末年因為戰敗，被流放到西方來抵禦戎狄開始，到現在已經兩百多年了。他們一路奮戰，從純粹炮灰，變成炮灰附庸、炮灰大夫、炮灰西垂大夫，到現在的炮灰諸侯，足足忍受了兩百多年的苦難，才終於擁有了自己的國家。在這一刻秦襄公正是要對天立誓，秦國再也不要讓別人來決定自己的命運，從現在開始秦人的命運只能掌握在自己的手中。終有一天，秦國要成為天下的主人！

如何證明這一點呢？在本書的最後一章，我將再給各位一個證據。

秦人在建國的那一刻，居然就敢懷抱著併吞天下的野心，這樣的國家該有多麼可怕！太史公對此下了這樣一個結語：

君子懼焉！

君子見一葉落便知蕭瑟之秋天終將到來，履霜就可明白寒冬之堅冰必會出現。看到秦人這樣寧為玉碎的血性，這樣勇武善戰的本事，這樣百折不撓的毅力，還有這樣可懼可怖的野心，史學家在此刻就已經明白，這個天下終將因秦國的崛起，而陷入一場血與火的風暴之中。

第三章——成就霸業的第一步

命運是靠自己一步一腳印，用雙手搏鬥殺出來，而不是靠別人賞賜的，秦人始終相信這一點，在秦襄公的身上也可以看得出來。

（襄公）十二年，伐戎而至岐，卒，生文公。三年，文公以兵七百人東獵。

襄公建立了秦國，但他並未志得意滿、安享榮華，終其一生都在與戎狄奮戰，最後襄公就死在征途之中，由他的兒子文公繼位。父親死了，兒子就接著上場，這就是秦人。襄公的兒子文公，僅憑著七百士兵就敢繼續東征。從這個軍隊人數也可以看出，秦人建國時國力的窘迫程度。

十三年，初有史以紀事，民多化者。

各位注意這條記載，文公十三年，秦國才開始有了自己的歷史。言下之意是什麼？就是在這一年之前，秦國根本沒有歷史，以前的事蹟全是靠傳說。各位可以想見，這是一個多麼野蠻的國家！

但秦人原本是東方古族，造成他們野蠻的原因是什麼？原因是他們根本就是炮灰，在戎狄間求生存尚且不及，何來餘力追求文化？這是秦人的悲哀。但這一點最後也造成秦人在骨子裡輕視文化、崇拜力量的性格。各位不妨看看這樣的性格，在後來的歷史中會造成什麼樣的結果！

十六年，文公以兵伐戎，戎敗走。於是文公遂收周餘民有之，地至岐，岐以東獻之周。

文公的東征，每一步都是血戰，最後終於將戎狄趕走，收復了原來周朝的京畿之地。周朝的京畿之地在今天的陝西省中部，基本又可以用岐山來劃分東西，岐以東才是最肥美的關中平原，岐以西大多都是山地。這就是為什麼周平王當年許諾給秦國的，是岐以西的土地。

在秦人血戰收復京畿的過程中，周人幾乎一兵一卒未出，因為正忙於內鬥，無暇西顧。

請問假如你是秦文公，這一刻你會不會遵照約定，將岐以東的肥美土地還給周人？

秦文公的選擇是，會！他遵守了約定，把岐以東的土地還給了周人。在這樣諸侯不服王室的亂世中，秦文公居然不敢佔有一絲一毫不屬於自己的土地，真是忠信的典範啊！

不過請各位注意，這只是表面上。因為當年戎人奪取的可不只是土地而已，還有大量的人口。在現代，由於地狹人稠，我們往往會覺得土地比人口重要。但在古代，由於人少地多，人口的重要性是遠遠勝於土地的。特別在人口稀少的時代，許多戰爭的目的常常不是佔據土地，而是擄掠人口。為什麼呢？因為「存人失地，人地皆存；存地失人，人地皆失」。

文公雖然歸還了岐以東的土地，但他卻將從戎人手上奪回的周朝人口全部據為己有。事實上，秦國人口本來就少，否則怎麼會只能拿出七百人東獵？

就算給秦國岐以東的土地，它也守不住，還不如得到大量的人口，才能變成生產力。更何況周的這些老百姓，往往教養更好，學識技術更高，秦的國力就此大大強盛。

文公的太子竫公（有學者認為應該叫靜公）死得早，文公死後便傳位給孫子寧公（也有學者認為應該叫憲公，而一九七八年陝西寶雞太公廟出土的秦公鐘、秦公鎛銘文基本支持憲公的說法）。

寧公十二年時薨逝，留下了三個兒子，而秦國的第一次內亂即將就此展開。

（寧公）生子三人，長男武公為太子，武公弟德公，同母魯姬子，生出子。寧公卒，大庶長弗忌、威壘、三父廢太子而立出子為君。

寧公即位時只有十歲，歷史上大凡幼主即位，多半政權就要旁落。秦國也不例外，國政落入大臣的手中。寧公的三個兒子，分別是武公、德公和出子（但對於究竟是武公與德公同母，或是德公與出子同母，史學家也有不同的看法）。按宗法，當然應該是太子武公即位。但這時秦國的幾位大臣，突然聯手廢了太子，而改立他最小的弟弟出子來當國君。

各位不妨想一想，秦國的大臣們為何要立出子？是因為出子特別賢能，深得大家擁戴嗎？還是出子很會做人，所以大臣們特別喜歡他呢？都不是，大臣們喜歡的不是出子這個人，而是出子的年齡，各位看下面這段就知道了。

> 出子六年，三父等復共令人賊殺出子。出子生五歲立，立六年卒。三父等乃復立故太子武公。武公……三年，誅三父等而夷三族，以其殺出子也。

出子被立為國君時，他才只有五歲！怪不得大臣們要立他，因為這是當傀儡的好年齡。後來不知為何，可能是出子過早表露了厭惡權臣的想法，或是有其他人想利用出子奪權，總之出子即位後六年就被大臣們派人殺了。後來大臣們又把廢太子武公迎回來，三年後武公就以「殺出子」為理由誅滅了權臣們的全族。

為什麼我要特別講這一段？讀過我上一本書的朋友們，應該還記得秦始皇跟嫪毐、呂不韋的鬥爭吧！各位當時心中或許有疑問，呂不韋和秦始皇關係這麼近，秦始皇為什麼一定要剷除呂不韋？

等各位熟悉秦國的歷史後，就會知道一件事。這種先君過世，幼君即位，然後君臣彼此奪權鬥爭甚至相殺，在秦國是常常上演的老戲碼。不是只有出子和武公這個例子，也不是只有秦始皇那個例子，在秦國這種事實在太常見了。

秦始皇明不明白這些歷史？他當然明白。所以他一旦即位，立刻就要對付前朝的大臣，因為他怕這種弒君的舊戲再次上演。

十三年，齊人管至父、連稱等殺其君襄公而立公孫無知。晉滅霍、魏、耿。齊雍廩殺無知、管至父等而立齊桓公。齊、晉為強國。

〈秦本紀〉原本應該記的是秦國的大事，為什麼太史公這裡筆鋒一轉，突然去寫此時齊國和晉國發生什麼事呢？因為這是天下大勢。

按中國傳統的史法，當時秦國只是個諸侯國，天下大勢並不在秦身上。秦國雖然因為後來統一天下而得立為本紀，但史家有必要讓後人都知道，此時真正執掌天下大勢的是哪些國家？這又是一個什麼樣的時代？

這是什麼樣的時代呢？各位從這段文字就可以清楚地看出，這是一個弒君與滅國的時代。過去因為有周天子在，篡臣賊子不敢為亂，強國不敢任意併吞弱國。但自從周平王失去大義名分之後，王室權威蕩然，本身又無實力，所以天下秩序已然崩壞，重心首先轉移到齊、晉兩大強國之上。

說得更清楚一點，這是個力量就是一切，惡行無人懲罰的時代。中國文化過去給了這樣的時代一個名字，那就是「亂世」。而這樣的時代，也正是藐視文化、推崇力量的秦人將會如魚得水的時代。

> 二十年，武公卒，葬雍平陽。初以人從死，從死者六十六人。

各位請注意這段，傳統史書為何要把「初以人從死」這一件事大書特書，連殉葬人數都寫得一清二楚呢？因為中國文化認為「人命關天」。

秦國因戰爭而死的人，絕對比六十六人多，但戰爭是不得已，難道殉葬也是嗎？拿活人來殉葬自己，是儒家思想非常不能接受的一件事。連孔子這樣的人都忍不住大罵「始作俑者，其無後乎」，他連像人的陶俑都不能接受，何況是活人！他這麼好脾氣的人，居然開口就咒人斷子絕孫，可見其憤怒。

從秦武公「初以人從死」開始，後來的秦國代代殉葬不絕，但〈秦本紀〉這裡特地記載這件事，並不只是為了譴責，而是這樣的做法後來影響了整個秦國的命運，後面我會再談。

（武公）有子一人，名曰白，白不立，……立其弟德公。

德公元年，初居雍城大鄭宮。……生子三人，……，長子宣公立。

宣公卒。生子九人，莫立，立其弟成公。

成公立四年卒，子七人，莫立，立其弟繆公。

接下來秦國從武公、德公、宣公到成公一連四代，除了德公能讓自己的兒子順利繼承外，其他全部都不行。他們並不是沒有兒子，武公有一個兒子，宣公有九個兒子，成公有七個兒子，但都無法繼位。究竟是何原故？

史書沒寫原因，很難下一定論。但人之常情大多愛子勝於愛弟，如果可能的話，怎麼會不想自己的兒子繼位？偶爾一代願意傳弟不傳子或許還有可能，但一連三代如此，實在大違常情。因此最大的可能性是，此時國君恐怕已經沒有權力決定自己的繼位者是誰了。

還有一件值得一提的大事，在秦德公時，他決定將國都遷到雍城（位於今天陝西省西部）。此後秦在雍城定都近三百年，成為秦國時間最長的都城。

秦國雖然經歷了幾代變亂，但各位不用擔心。因為事在人為，一位橫空出世的霸者即將在秦國誕生，他就是後來的春秋五霸之一的秦繆公（史書或寫作穆公）。

秦繆公的大名叫任好，各位猜猜這樣的人物在即位的第一年會先做什麼事？

繆公任好元年，自將伐茅津，勝之。

他自己親任軍事統帥，對外主動進攻茅津這個地方，並且獲得勝利。從這一點就可以看出，繆公頗有乃祖之風，他是一個勇猛而具備軍事才能的人。

四年，迎婦於晉，晉太子申生姊也。

但作為一個國君，光有軍事才能還是不夠的。秦國要在亂世生存，必須還要處理好外交關係。在當時影響秦國命運最重要的國家，就是它旁邊的超級強國晉國。因此繆公立刻從晉國迎娶了國君的女兒，也就是晉太子申生的姊姊，作為他的夫人。這麼說來，繆公的外交政策，應該就是打算走結好晉國的路線吧？

事實上，沒有那麼簡單。秦國和晉國是鄰居，但在春秋時代的關係極為複雜，可以說是既聯合又鬥爭。聯合的時候，代代聯姻，好得如膠似漆，所以後世才有「秦晉之好」的成語；但是只要有一方露出破綻，另一方就會立刻撲上去狠狠地咬一口，前面所說繆公元年進攻的茅津，就在晉國。

五年，晉獻公滅虞、虢，虜虞君與其大夫百里傒，以璧馬賂於虞故也。

繆公五年，晉獻公滅了虞國和虢國，怎麼滅的呢？簡單地說，虞國和虢國在戰略形勢上本為一體，兩國唇齒相依，如果團結一致，他國就很難進攻。於是晉獻公想了個好辦法，他送了虞國珍貴的玉璧和寶馬，要求借道攻打虢國。

晉強虞弱，禮物已經送來了。如果你不答應，就得先面對晉國的進攻。但如果你答應，兄弟之邦的虢國就會滅亡。請問你答應還是不答應？

虞國大夫勸國君不可答應，認為晉國滅掉虢國後，虞國也保不住。虞國國君聽見這話，他怎麼回答呢？他因為捨不得晉國的寶物，於是說：「晉國和我國都是姬姓之國，有同姓之親，不會攻打我們的。」決定答應借道。結果晉國滅了虢國後，立刻順路把虞國也滅了，後世「唇亡齒寒」的典故就從這裡來。

我每次讀到這裡，就感覺深深的可笑和悲哀。你姓姬，問題是虢國也姓姬啊！晉國能滅虢國，他為什麼就會放過你呢？過去晉國的公族們為了爭位，不要說同姓，就連同族間也彼此攻伐殘殺，毫不留情。你居然會相信晉國，想仰賴他們的善意來保全自己？這位虞國國君生在亂世，竟然會有這麼幼稚的想法，活該要亡國！

歷史告訴我們，其實人會被騙，往往不是因為他笨，而是因為他貪。所以太史公要特別寫虞國的滅亡，不過是「以璧馬賂於虞故也」，簡單地說就是「欲令智昏」罷了。

這兩個小國的滅亡，本來不關秦國的事，為何〈秦本紀〉要特別記載呢？因為虞國大夫中，有一個未來對秦國非常重要的人物，他叫百里傒。

> 既虜百里傒，以為秦繆公夫人媵於秦。百里傒亡秦走宛，楚鄙人執之。繆公聞百里傒賢，欲重贖之，恐楚人不與，乃使人謂楚曰：「吾媵臣百里傒在焉，請以五羖羊皮贖之。」。楚人遂許與之。

百里傒是誰？百里傒本來是虞國的大夫，是一位極為賢能的人。虞國滅亡後，百里傒成了俘虜，晉獻公把百里傒當成是秦繆公夫人陪嫁的奴隸，把他一起送到秦國去。百里傒不願當奴隸，於是他就從秦國逃亡，跑到宛城去，結果被楚國的老百姓給抓起來了。

秦繆公聽說百里傒極為賢能，知道這件事後就急著要用重金把他贖回來。但後來轉念一想，我拿這麼多的財物要去贖百里傒，楚國人不就知道他價值非凡了嗎？萬一因此不願送回百里傒，想藉此漫天喊價，那怎麼辦呢？

於是繆公派人去跟楚國人說：「我夫人陪嫁的奴隸百里傒在你們那裡，我就拿五張黑羊皮來贖他吧！」五張黑羊皮是很低廉的價錢，楚國人就以為百里傒這個人無關緊要，於是就輕易把百里傒賣回給秦繆公。

《莊子》中有個故事，宋國有個人家傳一種防止凍裂的不龜手之藥，靠著這個秘方，世代以漂洗絲絮為業，冬天從不怕手凍裂。後來有人聽說此事，願以百金求購。這個宋國人就想，我家靠著這種藥漂洗絲絮不過賺得數金，如今一口氣可得百金，當然要賣！結果買到秘方的人，轉頭就把秘方賣給吳王，讓吳國的軍隊從此不怕冬天渡河，於是戰勝了越國。吳王為了酬謝大功，不惜分封土地給他。所以，同樣是不龜手之藥，有人只能用來洗絲絮，有人就能用來得到大富貴，這就是智慧的差別。

秦繆公用的，其實不過就是殺價的智慧罷了。殺價的能手都知道，絕不能讓店主人看出你一心想要的東西，否則他會就地起價，至少絕不降價。必須裝作一副可有可無的模樣，才有低價買到的可能。同樣的智慧用在不同的地方，有人可以買到便宜的包包，有人卻可以買到讓秦國制霸的大才。

當是時，百里傒年已七十餘。繆公釋其囚，與語國事。

為什麼晉獻公忽視百里傒？為什麼楚國人這麼低價把他賣掉？到這裡答案終於揭曉，原來他已經七十多歲了！

在今天平均壽命這麼長的時代，七十多歲大多都是早已退休的老人，何況是在春秋時代！在當時的人來看，這就是個快死的老頭，已經沒有辦法再從政了，所以才輕忽視之，楚人甚至是把他當成囚犯送回秦國的。可是秦繆公怎麼做？繆公親手將他從囚籠中釋放出來，然後誠懇地向他請教國事。

那麼百里傒會怎麼回答呢？

謝曰：「臣亡國之臣，何足問！」繆公曰：「虞君不用子，故亡，非子罪也。」固問，語三日，繆公大說，授之國政，號曰五羖大夫。

結果百里傒辭謝說：「我不過只是個亡國之臣罷了，又有什麼值得問的地方呢？」言下之意就是，如果我真有你認為的那麼賢能，那虞國怎麼會亡？既然虞國亡了，就代表我沒有治國的本事。

等等，難道百里傒不懂這是一個拯救自己脫離奴隸身分的好機會嗎？為什麼他要辭謝繆公的賞識？

百里傒當然懂得這是機會，但各位卻不一定懂得百里傒是什麼樣的人。在春秋、戰國時代，「君擇臣，臣亦擇君」，君王要找好的臣子，臣子也要找好的君王。因此百里傒也要考驗秦繆公，想知道繆公是否真心要用他，所以他才故意用這句話試探。

結果秦繆公怎麼說呢？

他說：「就是因為虞君沒有重用你，虞國才會滅亡，這不是你的錯。」

各位看這話說得多漂亮！

但繆公不只是說話漂亮而已，他表露出自己的真心，堅持請教百里傒國事該怎麼辦。最後和他談論了三天，繆公非常高興，覺得這個人真是奇才，不但要用，而且要大用，決定把全國國政都交給他主持。因為這位大才的公告定價為五張黑羊皮，所以當時人都戲稱百里傒為「五羖大夫」。

這一刻，請你把書蓋起來。試想，如果你是百里傒，別人把你從囚車之中放出來，讓你從一個奴隸一下子變成大夫，還要給你在這個國家一人之下、萬人之上的地位，請問你第一件事要做什麼？

大部分人的答案，大概是大展宏圖，或報答君恩，或擴張權力，都不出這類的內容。但百里傒真是與眾不同，繆公用他，果然沒用錯人。他做的第一件事是，向國君推薦比自己更優秀的人選。

百里傒讓曰：「臣不及臣友蹇叔，蹇叔賢而世莫知。臣常游困於齊而乞食銍人，蹇叔收臣。臣因而欲事齊君無知，蹇叔止臣，臣得脫齊難，遂之周。周王子穨好牛，臣以養牛干之。及穨欲用臣，蹇叔止臣，臣去，得不誅。事虞君，蹇叔止臣。臣知虞君不用臣，臣誠私利祿爵，且留。再用其言，得脫，一不用，及虞君難：是以知其賢。」於是繆公使人厚幣迎蹇叔，以為上大夫。

百里傒對秦繆公說：「我的賢能比不上我的朋友蹇叔，我賢能你知道，蹇叔賢能卻沒有人知道。」各位可能會問，既然沒有人知道，百里傒又如何證明蹇叔賢能呢？總得有個根據吧！

百里傒又說：「我曾經在齊國窮困到要去討飯的地步，是蹇叔收留了我，給我飯吃。我後來想要去侍奉齊國的國君無知，蹇叔聽說了這件事，他勸阻我不要這麼做。正因為他勸阻了我，我沒有去無知底下任職，後來齊國因為無知的倒行逆施而大亂，我卻能夠脫身不受影響。

我接下來到周都，周的王子穨喜歡牛，我就藉著養牛之法接近他，因此他要用我。蹇叔又勸我不要去，於是我聽蹇叔的話離開了周，結果周王子穨後來引發了大亂，正因為我沒有被他所用，所以也沒有被誅殺。

後來我又要去事奉虞君，蹇叔又阻止我，我也知道蹇叔說得沒錯，虞君不會重用我，可是我有我的私心，我想要財祿、想要官爵，最後還是決定去了。

前面兩次我都聽了蹇叔的話，所以才得脫大難。第三次我不聽蹇叔的話，結果虞國亡了，我被晉國抓起來變成奴隸送到秦國來。從過去的事情，就可以知道蹇叔確實比我賢能。」

讀了百里傒這段話以後，各位不妨想想蹇叔是個什麼樣的人物？他每一次預言那個國家將有大難，果然全都應驗。這樣的人在古代，叫作有先見之明；在現代，就叫烏鴉嘴了。

可是真正的問題來了，既然蹇叔屢屢預言準確，為什麼百里傒第三次就不聽他的話呢？

當然，各位可能會說，不就是「私利祿爵」嗎？那麼就應該再問，難道前面兩次沒有祿爵嗎？怎麼百里傒前面都聽蹇叔的話，後面就不聽了呢？

我們讀書必要用心深細，不只是要懂得道理，還要明白人情。各位要知道，百里傒是有大才的人，一個有大才的人最怕的就是懷才不遇。他才能如此傑出，屢屢有機會，卻屢屢不被見用，比他差的人卻都平步青雲。他心中的苦悶和憤懣，是一般人難以想像的。

在這種情況之下，你的朋友一次、兩次跟你講不要去，你可能還覺得他是為你著想；到第三次還叫你不要去的時候，你就很容易被情緒蓋過了理智，因為你實在忍不下去了！如果朋友再堅持勸阻，就容易生出怨心，說不定有人還覺得朋友是嫉妒他，故意阻撓他。《論語》說：「朋友數，斯疏矣」，就是這個道理。忠言逆耳，果然這一次不聽蹇叔的話，百里傒就倒大楣了。

為什麼蹇叔要三次勸阻百里傒？因為他能看出那個國家局勢之凶險，他真心誠意地希望朋友不要遭難。但這樣的人，不到他的話應驗之時，終究是很難討人喜歡的。

繆公聽見百里傒的話，立刻派人用重禮去請蹇叔來秦國，讓蹇叔同樣擔任高官。

再請問各位，如果是你，你會推薦一個比自己厲害的人給上司嗎？百里傒為什麼這樣做？他難道不怕蹇叔取代自己嗎？

歷史學是研究「時」與「變」的學問，一個做法好不好，沒有標準答案，要看所處的環境來決定。能夠決定百里傒前途的人是秦繆公，因此要判斷百里傒的做法是否正確，必須先了解秦繆公怎麼想。

其實秦繆公想的始終只有一件事，那就是他要成為霸主！那麼就要再請問各位：想要成就霸業，第一步應該從何開始？

對於這個問題，現代人可能有各種不同的答案。但古人的答案始終是：人才、人才和人才！想要成就霸業，必先從得到人才開始。而對真正的領袖而言，人才這種資源和智慧一樣，永遠不會嫌多。

東漢末年，曹操與袁紹本為好友。當時袁紹認為，他要佔據黃河以北的土地，因為那是天下最好的地盤，南向就可取得天下。但曹操卻說，佔據哪裡做地盤都無所謂，只要人才夠多就行了。試問到了最後，曹操與袁紹誰勝誰敗？

試想，百里傒推薦了蹇叔，難道會因此而失去繆公的重視嗎？當然不會，因為蹇叔賢，百里傒也賢，繆公怎會輕易放過賢才？百里傒是真有才華，不是混充虛名，他深知自己的才華何在，並非任何人所能輕易取代，所以有足夠的自信。

從道德的角度來分析，你的朋友幫你這麼多，如今你有機會了，就因為他比你賢能就不肯推薦，那麼你又是什麼樣的人？傳統中國人認為「進賢者受上賞」，哪一個英明的國君會不喜歡這種沒有私心，願意推薦更多賢才的人呢？

從利害的角度來分析，各位不要忘了百里傒是個外國人，如今孤身來到秦國。秦國本土的大臣勢力，過去強悍到連國君都有危險，更何況是他？如果沒有好朋友來幫忙，猝然間執掌國政，這能成事嗎？一個籬笆三個樁，一個好漢三個幫，天下沒有一個人就能成就大事的，必要有人來幫忙。如此看來，蹇叔不正是幫忙百里傒的最好人選嗎？

就道德論，百里傒有進賢之度量，有謙讓之美德，又有為國得人之忠心。就智慧論，舉薦蹇叔不但可以強化國君對他的好感，還能壯大自己在秦國的力量。中國文化始終相信，最高的道德和最高的智慧必然是合一的。如果用現代的話說，就是不管你用道德或智慧來進行決斷，最好的選擇必然是相同的。後來兩人合作，果然開創了秦國的盛世。從百里傒的身上，正足以證明這一點。

第四章——為善，有報嗎？

秋，繆公自將伐晉，戰於河曲。

這一年秋天，繆公又「自將伐晉」，各位就可以看出這個人有多麼武勇好戰。晉大秦小，因此秦國不得不跟晉國聯姻；秦國跟晉國是鄰國，也不得不為了爭奪土地發生戰爭，所以說這兩個國家既聯合又鬥爭。本來按這種情況發展下去，弱小的秦國終究鬥不過強大的晉國。但就在這一年，晉國爆發了嚴重的內亂。

晉驪姬作亂，太子申生死新城，重耳、夷吾出奔。

晉獻公原來的夫人叫齊姜，生了太子申生。齊姜早死，後來獻公又娶了新夫人叫驪姬，驪姬為了讓她自己的兒子奚齊能夠當上太子，她就計畫謀害申生。

怎麼謀害呢？驪姬對太子說，她夢見齊姜，要太子趕快去祭祀母親，並且記得把祭祀後的胙肉送給獻公。這一切都是合乎禮制的要求，於是太子照辦了。當時獻公剛好出宮打獵，太子只好把胙肉留在宮中，驪姬就藉機在胙肉中下了毒。

兩天後，獻公回來了。下人將胙肉獻上，獻公本來要吃，但驪姬立刻跳出來阻止，說胙肉可能不新鮮了，最好先試試。怎麼試呢？先祭地，地立刻隆起。給狗吃，狗立刻死掉。給奴隸吃，奴隸也死了。驪姬馬上痛哭說：「太子怎麼能這樣殘忍，父親老得都快死了，就等不及了嗎？居然想要弒父自立！」接著又說：「太子會這樣做，不過就是因為我受寵，害怕奚齊會取代他，我願意帶著奚齊去國外，或者不如自殺算了，絕不落入太子手中任他魚肉。」

獻公聽了驪姬的話後，十分憤怒。有人勸太子，為什麼不說出驪姬下毒的真相？太子回答：「國君已老，寢食沒有驪姬就不安，就算我說了真話，只會更惹他生氣而已。」又有人勸太子，乾脆逃到國外吧！結果太子說：「如果我逃跑，不就證明我確實有罪嗎？哪一國會收留這種弒父的不孝子呢？」最後中生就決定自殺了。

讀到這裡，對上一本書有印象的朋友應該馬上就會想到，這不又是一個扶蘇嗎？面對父親的亂命，卻不抗爭也不逃走，而是選擇甘心就死。請問各位，這能叫作孝嗎？

他們的行為叫作「愚孝」，聽從父親的亂命，一個讓秦朝淪亡，一個讓晉國大亂，所以都不是真正的孝。真正的孝是「小杖則受，大杖則走」，子女不是要盲目順從父母的話，而是要記得「無忝所生」，也就是不要因為自己的行為讓父母蒙羞，更不要讓父母犯下不可彌補的過錯。中國人說「不孝有三」，而第一個不孝就是「阿意曲從，陷親不義」，從這個觀點來看，扶蘇和中生所為其實是不孝。

這樣評價中生是不是過苛了呢？我們不妨看看，中生有一個弟弟名叫重耳，他又是怎麼做的？

獻公有八個兒子，其中以太子中生、重耳、夷吾最為賢能，所以都被派到外地守城。如今中生已死，驪姬怕重耳和夷吾找她算帳，所以連他們也要除掉。於是驪姬對獻公說：「中生下毒的計畫，兩位公子也是知道的。」重耳、夷吾只好逃回自己的城池，於是獻公更覺得他們是畏罪潛逃，派兵進攻兩城，後來重耳、夷吾都棄城逃到外國去。

這一位重耳，就是後來春秋五霸的晉文公。他面對父親的亂命，最後選擇了不服從而逃跑。但正因他的不肯曲從，最後才得以收拾因父親而大亂的晉國，成為天下第一強國，這也就是《易經》所謂「幹父之蠱」，後面會再詳說。

九年，齊桓公會諸侯於葵丘。

晉國內亂，可是天下大勢不會等待它，另一個超強齊國也不會等它。這一年，齊國在葵丘召開了外交大會，天下諸侯共尊齊桓公為霸主。

晉獻公卒，立驪姬子奚齊，其臣里克殺奚齊。荀息立卓子，克又殺卓子及荀息。

晉獻公死後，驪姬的兒子奚齊被立為國君。驪姬以為害死太子，逼走兩位公子，她的兒子就能安然坐在國君的寶座上，但結果並非如此。因為螳螂捕蟬，黃雀在後，晉國還有一群各懷野心的大臣們。

奚齊登基一個月之後，大臣里克、丕鄭立刻聯合申生、重耳、夷吾以前的部下，發動政變將奚齊給殺了。另外一個臣子荀息，就再立公子卓子為國君，結果里克又把卓子跟荀息都殺了。你看這君臣殺成一團，晉國已經大亂。

這時里克想迎接公子重耳回來登基，但重耳不敢。這其實也合理，面對一個已經殺掉兩個國君的大臣，誰敢貿然回去，焉知他不是第三個？但重耳不做夷吾做，殺頭生意總還是有人做的。

夷吾使人請秦，求入晉。

於是里克改迎公子夷吾，而逃跑在外的夷吾覺得有機可乘，不但答應，還立刻派人請求秦國幫忙，派兵送他回國。

請問如果你是秦繆公，面對晉國的內亂和夷吾的請求，這個忙你幫是不幫？

繆公立刻答應幫忙，派百里傒率領軍隊送夷吾回國。為什麼呢？原因不過四個字：「有機可乘」！

於是繆公許之，使百里傒將兵送夷吾。

因為繆公如果能夠扶植一個晉國的國君，讓他對秦國感恩戴德，將來豈不是對秦國大有好處嗎？更何況，夷吾還許諾了實際的利益。

夷吾謂曰：「誠得立，請割晉之河西八城與秦。」

夷吾為了讓秦國答應幫助他回去，他就開出條件，假如他能夠成為國君，就把原屬晉國在黃河以西的八座城池，統統割讓給秦國。你看夷吾多麼大方，八座城池啊，說割讓就割讓！

當然了，你不讓出實際的利益，外國勢力怎麼會來幫忙你？講得更透徹一點，你不出賣自己的國家，外國怎麼會願意讓他的軍隊為你流血？沒有好處人家為什麼要來幫你打仗，人家軍隊是白死的嗎？

秦繆公打得好算盤，不過這個夷吾更厲害。

及至，已立，而使丕鄭謝秦，背約不與河西城，而殺里克。

等夷吾回到晉國被立為國君後，立刻當場翻臉，決定說話不算話。他悍然撕毀了對秦國的承諾，派丕鄭出使秦國跟繆公說，晉國群臣不同意，河西八城一個也不給。說實話，這不是要丕鄭去送死嗎？

等丕鄭出使不在國內，接著又以殺害奚齊、卓子和荀息為罪名，立刻把里克也殺了。幫助夷吾登基的關鍵，就是秦國和里克，結果夷吾這人翻臉比翻書還快。

如果你是秦繆公，碰到這樣的一個人，你該怎麼辦？

當年和里克合謀的丕鄭，聽說夷吾把里克給殺了，非常害怕。因為害死前面兩位國君他也有份，就算繆公這次不因晉國背信而殺他，夷吾將來也可能會秋後算帳把他殺掉。

丕鄭聞之，恐，因與繆公謀曰：「晉人不欲夷吾，實欲重耳。……」繆公許之，使人與丕鄭歸，……呂、郤等疑丕鄭有間，乃言夷吾殺丕鄭。

結果出使秦國的丕鄭跟繆公說：「晉人其實想要的國君不是夷吾，而是重耳。」言下之意就是希望秦國幫忙改立重耳，他可以在晉國做內應。繆公心中也怨恨夷吾的背約，於是答應丕鄭的要求，兩人一拍即合。

不過丕鄭回國後，夷吾的兩位臣子呂甥、郤芮懷疑他必然和秦國勾結了，否則怎能安然回來，就建議夷吾把丕鄭給殺了。丕鄭死後，他的兒子丕豹就投奔秦國。到了秦國後，各位猜他跟繆公說什麼？

丕鄭子丕豹奔秦，說繆公曰：「晉君無道，百姓不親，可伐也。」

丕豹居然說：「晉國國君無道，百姓都不支持，秦國可以去征伐晉國。」丕豹是哪一國人？他是晉國人。他為了報自己的家仇，居然要勾結外國去進攻自己的國家，殺戮自己的同胞，真是個赤裸裸的晉奸！

如果你是秦繆公，面對夷吾的背信，看到丕豹帶來的機會，請問你會不會出兵攻打晉國？

繆公的答案是，不會。

因為他是明白人，出兵是國之大事，《孫子兵法》說：「兵者，國之大事，死生之地，存亡之道，不可不察也。」當然不能隨便答應。繆公又不是身在深宮不知外事的君王，他自己都親自上陣多少次了，打仗是怎麼回事，他比誰都清楚。

繆公曰：「百姓苟不便，何故能誅其大臣？能誅其大臣，此其調也。」不聽，而陰用豹。

繆公就問了丕豹一個問題：「如果百姓都不支持夷吾，他又怎能剷除這麼多大臣而安然無事呢？能夠殺掉大臣們而國家居然沒有亂，這就證明上下是調和的。」換句話說，秦國無機可乘，根本不能夠進攻晉國。

《孫子兵法》說得好：「主不可以怒而興師，將不可以慍而致戰。」一個合格的領袖絕對不能因為情緒而開戰，決定是否開戰的關鍵永遠只有一個，就是我們能不能打贏？和情緒無關，和仇恨無關。想要成功，就請你永遠把理智放在感情之上。

繆公不聽丕豹的建議，可是有沒有把丕豹趕走呢？有沒有從此厭惡這個賣國的小人？沒有。他決定「陰用豹」。什麼叫「陰用」？就是表面上不聽丕豹的計策，實際上暗地裡重用這個人。

為什麼要這樣做？因為秦繆公不是不想進攻晉國，更不是不想報復夷吾，只是時機不對。晉是大國，秦是小國，秦怎麼能夠在時機不對的時候貿然進攻。他要等待時機，只要時機一對，到時熟悉晉國內情的丕豹就能發揮莫大的作用。歷史上凡是大國多半都要收留一堆小國的政治失敗者，原因也正在於此。

十二年，齊管仲、隰朋死。

有人可能會覺得奇怪，《秦本紀》為什麼要記兩個齊國人死掉的事情？這又關秦國什麼事？因為本紀體所記載的必然是天下的大事，管仲、隰朋雖是齊國的臣子，但卻是齊桓公霸業的關鍵。這兩個人活著足以撼動天下，死後足以讓天下的局勢為之改變，這種人才有資格叫作歷史人物，所以《秦本紀》一定要大書特書。

晉旱，來請粟。丕豹說繆公勿與，因其饑而伐之。

就在這一年，晉國發生了嚴重的旱災，於是夷吾向秦國求援，希望秦國拿糧食出來幫助他們。

丕豹聽到晉國老百姓發生饑荒，立刻勸說繆公不但要拒絕援助，還要趁火打劫，派兵進攻晉國。各位看到這裡就知道，丕豹心中根本沒有晉國百姓的死活，我前面罵丕豹絕對沒罵錯，他就是個晉奸！

繆公問公孫支，支曰：「饑穰更事耳，不可不與。」問百里傒，傒曰：「夷吾得罪於君，其百姓何罪？」於是用百里傒、公孫支言，卒與之粟。以船漕車轉，自雍相望至絳。

兼聽則明，繆公也要問問其他的大臣。公孫支說：「饑荒跟豐收是常常輪替的事情，還是應該給晉國糧食。」他的言下之意就是，今天晉國發生饑荒，你拒絕幫忙，萬一以後我們秦國發生饑荒，那又怎麼辦呢？其他的國家還會來幫忙我們嗎？

百里傒說得更清楚：「夷吾得罪於君，其百姓何罪？」得罪你的是國君夷吾，你真的不給晉國糧食，難道能餓死夷吾嗎？自古以來只聽說有先餓死老百姓的，難道聽說過有先餓死官的嗎？連官都餓不死，何況是君主？你拒絕援助，最後餓死的只有晉國的老百姓，他們又有什麼罪？

於是繆公決定聽百里傒、公孫支的話，將秦國的糧食拿去援助晉國。秦國到底援助了多少糧食呢？後面這兩句話，形容得多麼生動，用船和車運輸糧食的隊伍，從秦都雍城一路連綿不斷排到晉都絳城。各位就看看這個運輸的隊伍有多麼長，那裡面運載了多麼龐大的糧食。

請問各位，秦繆公做了一件好事，做好事真的就會有好報嗎？

十四年，秦饑，請粟於晉。

後來果然給公孫支這個烏鴉嘴說中了，過了兩年，這次就輪到秦國發生大饑荒了。這次換成秦國向晉國請求幫助，希望晉國能拿出糧食來援助他們。

各位猜猜看，晉國君臣會怎麼回答？

晉君謀之群臣。虢射曰：「因其饑伐之，可有大功。」晉君從之。

晉君立刻召開會議，他的臣子虢射建議：「這是大好機會，應該趁秦國饑荒時派兵進攻，可以獲得大功。」這種趁火打劫的建議，夷吾居然立刻就答應了。真是有什麼君主，就有什麼臣子，晉國君臣個個想的都是趁人之危，都是一群什麼貨色？他們所思所言，跟丕豹有什麼不一樣？夷吾、虢射，全是一群恩將仇報的小人。

十五年，興兵將攻秦。繆公發兵，使丕豹將，自往擊之。

第二年晉國發動大軍進攻秦國，繆公非常悲憤，他沒想到當初的善念，如今會帶來這樣的結果。於是繆公任命丕豹為將軍，同時親自率軍迎戰。

這場戰爭的經過極為傳奇，就像後來的淝水之戰一樣，如果寫在小說裡面，大家絕對會以為作者胡扯，但卻是發生過的史實。

九月壬戌，與晉惠公夷吾合戰於韓地。晉君棄其軍，與秦爭利，還而馬鷙。繆公與麾下馳追之，不能得晉君，反為晉軍所圍。晉擊繆公，繆公傷。

九月壬戌這一天，兩軍在韓地會戰。會戰開始，晉君就一馬當先，棄主力部隊於不顧，率領了前鋒精銳進攻，殺到最前線去跟秦軍爭利。結果到了前線，發現情況不對，可能會陷入秦軍包圍，只好立刻撤退。

但就在撤回的時候，晉君騎的馬居然把腳跌斷了。看到晉君的馬不能動，繆公覺得有機可乘，立刻率領軍隊衝上前去，要把夷吾給抓回來。結果沒抓到夷吾，反而陷入晉軍包圍之中。晉軍攻擊繆公，繆公當場受傷，情況已經到了萬分危急的時候。

於是岐下食善馬者三百人馳冒晉軍，晉軍解圍，遂脫繆公而反生得晉君。

就在眼看著秦國就要完了的這個時候，突然有三百個悍不畏死的野人殺出來，居然打破了晉軍的重重包圍。更神奇的是，他們不但解救了繆公，還把夷吾給抓了回來。各位看這場戰爭是不是峰迴路轉，繆公莫名其妙就贏了，夷吾莫名其妙就輸了。

這三百個扭轉戰局的野人，到底是從哪裡來的呢？

初，繆公亡善馬，岐下野人共得而食之者三百餘人，吏逐得，欲法之。繆公曰：「君子不以畜產害人。吾聞食善馬肉不飲酒，傷人。」乃皆賜酒而赦之。三百人者聞秦擊晉，皆求從，從而見繆公窘，亦皆推鋒爭死，以報食馬之德。

很久以前，繆公不小心丟了一匹好馬，結果被住在城郊外的野人抓住吃掉了。參加這場盛宴，分著吃掉馬肉的一共有三百多人。也不知道那匹馬有多大，居然能供三百多人吃？

負責的官吏追查此事，這個官吏更厲害，居然把三百多人一個不落地全部抓回來，要對他們依法處刑。這時秦繆公說話了，各位知道他說什麼嗎？他說：「君子怎麼能因為畜生去殺害人呢？我聽說吃了好馬的肉如果不喝酒，對人的身體有害。」於是秦繆公不但釋放了這三百多個野人，還送他們酒喝。

後來這三百個野人聽說秦國要跟晉國發生戰爭，都來請求跟隨繆公參戰。等繆公被晉軍包圍垂危之際，三百人立刻衝上前去，人人「推鋒爭死」。什麼叫「推鋒爭死」？前面有兵器，他們不但不害怕，還爭先恐後地向前衝，希望為繆公去死。為什麼他們如此悍不畏死？就為了回報當年吃了繆公的馬肉，繆公不但沒有怪罪他們，還把他們全部赦免的恩德。

這場戰爭如此峰迴路轉，聽起來覺得傳奇，但為什麼會發生這種事情呢？其實各位讀先秦兩漢的書，常常會發現古代的中國人和今天很不一樣，他們往往把恥辱看得比生命更重要。古人會覺得我受你的恩德不回報，就是我的恥辱，所以我無論如何都要報恩，甚至不惜拿我的命去拚。先秦兩漢有許多人都如此，這就是時代風氣。

請問各位，秦繆公做了一件好事，做好事真的就沒有好報嗎？

歷史學不講空話，每個道理都需要有實際的驗證。我從來沒有說過，做好事必能得到好報，但至少在繆公這個例子上，就不能說做好事一定沒有好報。其實人生在世，有的時候你給人家恩德，你真的不知道在什麼時候會收到善意的回報。這種東西無法量化計算，也未必馬上就能看到，可是這種事情在歷史上太多太多了。

如果真要找出一個道理來，從歷史來看，做好事是否有好報，必須要看你做好事的對象究竟是誰，這也就是知人。同樣的事，讓某些人來做就是佳話，而讓某些人來做就會變成一場笑話。為什麼？不過是人不一樣罷了。所以做事前必先知人，對壞人做好事，就必須承擔可能恩將仇報的風險；而對好人做好事，縱使沒有回報也大概不會有害處。

於是繆公虜晉君以歸，令於國，齊宿，吾將以晉君祠上帝。周天子聞之，曰「晉我同姓」，為請晉君。夷吾姊亦為繆公夫人，夫人聞之，乃衰絰跣，曰：「妾兄弟不能相救，以辱君命。」

於是繆公把晉君給抓了回來，他特地齋戒，然後對外宣稱，要把晉君給殺了用來祭祀上帝。這一件事傳揚出去就不得了了，周天子聽說後，立刻派人來求情，說：「晉跟我都是姬姓的國家。」言下之意便是，他不能眼睜睜的看著自己的宗親被秦國殺掉，希望秦國能夠赦免晉君。

而秦繆公的夫人，也來為兄弟求情。各位還記得吧？繆公的夫人是從晉國娶回來的公主，也就是夷吾的姊姊。她知道這件事後，立刻披麻赤腳，也就是打扮成服喪之人來見繆公說：「如果連自己的兄弟都不能相救，我以後還有什麼臉再繼續做你的夫人？」

如果你是秦繆公，好不容易抓到仇人。但外有周王，內有夫人，面對他們的請求，請問你會怎麼做？

秦繆公決定聽周王和夫人的話，放了夷吾。

繆公曰：「我得晉君以為功，今天子為請，夫人是憂。」乃與晉君盟，許歸之。

繆公說：「我自以為得到晉君是大功，結果現在居然驚動天子來求情，還造成了夫人的憂慮。」於是他和晉君立下盟誓後，便放了夷吾回國。

各位認為，秦繆公這件事做得如何？

其實熟悉世事人情的朋友們，應該都能猜到，繆公這麼做是必然的。他怎麼可能真的殺掉晉君？就算要殺，立刻解決便是，又何必到處公告？

第一，秦繆公如果一時頭腦發熱，真的把晉君給殺了，接下來問題就大了。晉國是大國，殺了一個夷吾還會有別人即位，新繼位者勢必要為夷吾報仇，這是晉國的國仇，這是面子問題，他們一定要報仇，你秦國從此便要惹來更大的外患。

第二，天下姬姓的國家有那麼多，你殺了夷吾，物傷其類，這不是得罪了天下所有姬姓之國嗎？為了逞一時之快，而招致天下之敵，任何有智慧的人都不會作出這種選擇。

但問題是，晉君已經抓來了，總不能無故把他放了。否則別人還以為是秦國怕了晉國，這樣只會更糟。怎麼辦呢？不用擔心，聰明的人永遠會給自己找好下台階，「天子為請，夫人是憂」正是秦繆公的下台階。既給了天子面子，又重新讓晉人喚起「秦晉之好」的聯姻感情，姬姓之國聽到了更會誇獎秦繆公識大體，這豈不是面面俱到。更何況，還有實際的好處。

十一月，歸晉君夷吾，夷吾獻其河西地，使太子圉為質於秦，秦妻子圉以宗女，是時秦地東至河。

夷吾為了能回國，這次果然乖乖地把河西的土地獻給了秦國作為賠禮。為了怕秦國不信，還把自己的太子送到秦國來做人質。秦繆公得到了晉太子這樣的人質，也大方把女兒嫁給了他。因為夷吾割讓了河西，秦國的領地大大擴張，東至黃河，國勢一時鼎盛。

其實繆公用的計策，一樣不是什麼新招，不過是「漫天要價，就地還錢」的智慧而已，只是這次是用在國家大事之上。如果繆公一開始威脅要割地才放人，列國豈不是將秦國看成綁匪？晉國人看到繆公不敢殺夷吾，必然會討價還價。可是一開始說要拿夷吾祭天，最後卻放過他，人人必然會說繆公仁厚，晉國做錯了事，賠禮也是應該的。下了這一步好棋，面子、裡子全部都被秦繆公拿到手，各位看看這是何等人物！

十八年，齊桓公卒。

前面說過，在本紀體中如果突然去記一件別國的大事，或突然去記別國的人物，那必然代表那件大事足以影響天下局勢，或這個人物的生死足以撼動天下。霸主齊桓公當然是這樣的人物，他的死使得天下重新回到無霸主無秩序的狀態。更重要的是，晉國、楚國、秦國甚至更弱的宋國，無不虎視眈眈這個空出來的霸主位置。

二十年，秦滅梁、芮。

想要爭奪霸主，就必須壯大自己的力量；要壯大自己的力量，就必須併吞弱小的勢力，不管用什麼形式。這一年，秦國一口氣滅掉了旁邊的兩個小國——梁國和芮國。

梁國是什麼國家？根據唐代《元和姓纂》：「秦仲有功，周平王封其少子康於夏陽，是為梁伯。」如果這樣的記載可信的話，那麼秦國根本就是滅了自己的同姓之國。

但就算真的是滅同姓之國，在春秋時代這也是常有的事，為什麼這裡要大書特書？因為天下之事牽一髮而動全身，往往一個微不足道的小事，就會帶來歷史上意想不到的結果。史學家想讓你看看，隨便滅掉這一個小國，將會給秦國帶來什麼樣的意外。

二十二年，晉公子圉聞晉君病，曰：「梁，我母家也，而秦滅之。我兄弟多，即君百歲後，秦必留我，而晉輕，亦更立他子。」子圉乃亡歸晉。二十三年，晉惠公卒，子圉立為君。

各位還記不記得，那位到秦國當人質的晉國太子？這一年，他聽說父親生病了，真是心急如焚。看到這裡，我想很多人會不由得感嘆，這真是一位孝子啊！不過事實可能和各位想的有點差距，因為他心急的不是父親的健康，而是自己能不能回國繼位。

而兩年前被秦國滅亡的梁國，正是晉太子母親的娘家。如今梁國滅亡，換句話說，太子失去了所有從母家那邊可能得到的支持和幫助。更糟糕的是，他的兄弟眾多。從歷史來看，兒子的重要性向來與總數量成反比，因此等晉君死掉之後，未必是他能繼位。

秦國有晉太子在手，必然以為奇貨可居，或許會對晉國百般需索，不肯輕易放太子回國。而晉國的臣子們看到這種情況，必然會輕視這個被秦國宰制的太子，可能就會改立其他兄弟做為新君。到時候，太子豈不是什麼都沒有了？於是太子決定偷偷逃回晉國去，而且他成功了。

第二年夷吾死了，太子圉順利地繼任國君。問題是，秦繆公非常生氣。為什麼生氣？因為子圉名義上是人質，實際上繆公對他極好，把女兒都嫁給了他。結果子圉居然對秦繆公不告而別，甚至連老婆都拋棄了，實在讓秦國太丟臉了。

秦國很生氣，後果很嚴重。

> 秦怨圉亡去，乃迎晉公子重耳於楚，而妻以故子圉妻。重耳初謝，後乃受。繆公益禮厚遇之。

太子圉拋棄秦國，秦國也決定拋棄他。秦繆公從楚國迎回逃亡在外的公子重耳，準備扶植他成為新的晉國國君。但接下來，繆公卻做了一件可能會讓各位覺得不可思議的事，他決定將被太子圉拋棄的那位秦國公主，讓她再嫁給重耳。

等等，各位此時可能覺得有點怪怪的，我們不妨來推算看看。子圉是夷吾的兒子，重耳是夷吾的哥哥，所以子圉是重耳的親侄子。既然子圉是重耳的親侄子，那麼子圉的夫人當然就是重耳的侄媳了。啊，繆公居然要把重耳自己的侄媳嫁給他！這種事傳出去，重耳還要做人嗎？

如果你是重耳，此時此刻碰到秦國這樣的要求，請問你會不會接受？

重耳的第一反應是敬謝不敏，絕不答應這樣荒唐的提議。但重耳的臣子們卻紛紛反對，勸他一定要接受。為什麼呢？因為非接受不可啊！

各位不妨想想，重耳都知道的事，繆公會不知道嗎？秦國又不是沒有其他的公主，為什麼繆公一定要這麼做？

試問，重耳是第一個被秦國送回扶植的晉國國君嗎？當然不是，前面不是還有一個過河拆橋、恩將仇報的夷吾嗎？如果你是秦繆公，你會不防著重蹈覆轍嗎？怎麼樣才能避免這種事呢？

如果把這位公主嫁給重耳，那麼重耳和子圉間就有了奪妻之恨。中國人向來視殺父之仇和奪妻之恨為不共戴天，這樣一來重耳就沒有了退路，一定得幫秦國殺掉子圉才行。重耳殺了子圉，就必然會引起擁護子圉的晉國臣子們的疑懼，在這種情況下，重耳就只能更依賴秦國的幫助。這個辦法，在後來的中國就叫「投名狀」。

而且按《國語》的記載，秦繆公特別重視這位嫁給子圉的公主，因為她才華出眾。按他繆公原本的打算，把這個女兒嫁給子圉，將來她就是晉國國后，生下的外孫就會是晉國下一任的國君。還有什麼人會比女兒跟外孫更親秦國呢？但繆公沒料到，子圉居然會拋下她不管就跑了。

宋·李唐《晉文公復國圖》

而且從繆公迎接重耳這件事，就知道秦國接下來必然要進攻晉國。進攻晉國若能成功，這個女兒還是能夠當上晉國國君的夫人，只是人選從子圉變成重耳而已。

重耳不知道繆公的打算嗎？他當然知道，問題是他有選擇的餘地嗎？所以他的臣子子余就勸重耳說：「你今天要求人，不論人家提出什麼要求，你能不答應嗎？不答應的話，人家會為你出力嗎？」另一位臣子子犯說得更直接：「你將來連子圉的國家都要奪取，何況只是妻子？一切聽秦國的就是了。」

於是重耳只好同意這樁婚事，繆公因此大喜。各位注意《史記》這裡的用詞，不是「厚遇之」，不是「禮厚遇之」，而是「益禮厚遇之」。你就可以看出，繆公因此對重耳已經完全放心，這就是「投名狀」的好處。

二十四年春，秦使人告晉大臣，欲入重耳。晉許之，於是使人送重耳。二月，重耳立為晉君，是為文公。文公使人殺子圉，子圉是為懷公。

秦國在第二年就派兵把重耳送回晉國，重耳如願當上了晉國國君，這就是鼎鼎大名列於春秋五霸的晉文公。根據《國語》記載，晉文公即位後第二天，就立刻把子圉給殺了，子圉也就是史書上的晉懷公。然後再把秦國公主迎接回來當正室夫人，繆公一石二鳥的計策，到此完全實現。

歷史上有很多人都曾相信，當某個人是自己一手扶植而起時，那個人將來就一定會毫無保留地聽自己的話。秦繆公對晉文公打的也是這個算盤，但事情真的會像秦繆公想的這樣發展嗎？

第五章——敵人，是亡靈！

重耳即位以後，晉國跟秦國的關係會變成如何呢？

> 其秋，周襄王弟帶以翟伐王，王出居鄭。二十五年，周王使人告難於晉、秦。秦繆公將兵助晉文公入襄王，殺王弟帶。

就在晉文公即位的這一年，周室爆發了王子帶之亂。周襄王被翟人趕走，翟人立他的弟弟叔帶為王。襄王為了奪回王位，第二年便向晉、秦兩國告難，希望請晉國跟秦國來幫忙。這是一個發展霸業的好機會，因此兩國都同意出兵。

請問各位，從「秦繆公將兵助晉文公」這句話來看，在這場戰事中，秦和晉誰是主角？

相信各位都能看出，當然晉國是主角，為什麼？因為晉國大而秦國小，晉國強而秦國弱，各位不要看晉國歷經內亂，但瘦死的駱駝比馬大，晉國只要得到好的國君，它的國力絕對在秦國之上。這次晉國在秦國的幫助下，把王弟帶給殺了，於是平定了這場王室之亂，完成了尊王功業。

二十八年，晉文公敗楚於城濮。

齊桓公死後，當時天下公認的兩大超強就是晉國和楚國。北方的晉國想要南下，而南方的楚國想要北上，因此兩國勢必一戰。

當年重耳逃亡在外，前後一共漂泊了十九年之久，他先去母家的狄國，後來又歷經衛國、齊國、曹國、宋國、鄭國，終於到了楚國。在這段漂泊之旅中，重耳備受許多羞辱，但楚成王卻對重耳極為禮遇，讓重耳感激涕零。有一次，楚成王問重耳：「如果有一天你能回國即位，你要怎麼報答我呢？」

我想楚王期待聽到的答案，不是「晉國願割讓土地以為謝禮」，就是「晉國從此願隨楚國馬首是瞻」吧！但重耳卻回答：「楚國物產豐隆，我實在想不出能報答您什麼？」

這位仁兄，真是個避重就輕的高手！可是楚成王沒達到目的，又怎會放棄？他不斷追問，最後重耳只好說：「實在不得已，日後與您戰場上為敵，我會退避三舍（九十里）來報答您。」

楚成王聽了重耳的話，他高不高興呢？當然不高興。但從這句回答就可以看出，重耳真是個了不起的人物！

一個人在外漂泊十幾年，能聚集一群忠心的臣子，堅持不改回國得位之心，這雖是難能，但還算不上可貴。為什麼呢？因為這麼做有很多可能，有些人是欲望野心使然，有些人是沒有退路，有些人是因為利益團體已經形成，不能輕易言退。這些最多只能說是韌性過人，未必境界有多高。

但重耳面對天下超強的統治者，前途在對方一念之間，而他仍然不願鬆口，選擇這麼回答。這就可以看出他心中始終是以晉君自居，絕對不肯輕易出賣晉國的任何利益！比起重耳來，夷吾不過一個骯髒小人而已。

窮，氣不改；達，志不改。這才是英雄氣！這才配稱天下霸主！

後來的發展，果然給晉文公料中了。晉國與楚國為了爭奪天下霸權，在曹、衛之地展開了會戰。晉文公一見楚軍，果然「退避三舍」，向後撤退了九十里。結果楚軍氣燄高張，統帥子玉立刻決定率軍突進，結果就這樣衝入了晉國的陷阱中，在晉、宋、齊、秦四國軍隊的聯合攻擊下，楚軍在城濮之地大敗。

城濮之戰決定了晉文公的霸主地位，晉國正式成為天下第一強國。

三十年，繆公助晉文公圍鄭。

當年重耳流浪時經過鄭國，鄭文公對其無禮，得罪了重耳。等重耳回國即位後，鄭文公又懼怕晉國的報復，於是便加入楚國的陣營來對付晉國。所以現在晉文公打敗楚國之後，準備要新仇舊恨一起算帳，便聯合秦繆公前來進攻鄭國。

各位應該可以看得出，自從秦繆公把晉文公送回晉國以後，兩國關係真是好得不得了。晉國女婿每次號召多國部隊出兵，秦國岳父必然是最忠實的支持者。可是秦國跟晉國真的親如一家嗎？在這一次的事件後，各位就會明白了。

晉、秦兩大強國一起包圍鄭國，鄭國面臨了亡國的危機。該如何解決這個危機呢？結果鄭國派了一位大夫出馬遊說，就讓秦、晉兩國立刻退兵。這位了不起的大夫名叫燭之武，這個故事就是《左傳》中鼎鼎有名的「燭之武退秦師」。

鄭國位居中原要地，背後的楚國已不可靠，晉國此次勢在必得。請問如果你是燭之武，你要用什麼方法，讓兩大強國退兵？

燭之武的辦法是，單獨去見秦繆公。

> 鄭使人言繆公曰：「亡鄭厚晉，於晉而得矣，而秦未有利。晉之強，秦之憂也。」繆公乃罷兵歸。晉亦罷。

他對繆公說：「鄭國滅亡了，只對晉國有好處，對秦國沒有任何好處。」為什麼呢？因為鄭國的位置離秦國遠，離晉國近，秦國到鄭國中間還隔著晉國。鄭國如果被滅亡，秦國根本控制不了這塊土地，最後一定是落入晉國的手中。結果晉國得到了土地，請問秦國又能得到什麼？

各位可能會想，難道晉國不會補償秦國其他的東西，例如財富或人口嗎？可

於鄭伯曰國危矣若使燭之武見秦君師必退公從之辭曰臣之壯也猶不如人今老矣無能爲也已公曰吾不能早用子今急而求子是寡人之過也然鄭亡子亦有不利焉許之夜縋而出見秦伯曰秦晉圍鄭鄭既知亡矣若亡鄭而有益於君敢以煩執事越國以鄙遠君知其難也焉用亡鄭以倍鄰鄰之厚君之薄也若舍鄭以爲東道主行李之往來共其乏困君亦無所害且君嘗爲晉君賜矣許君焦瑕朝濟而夕設版焉君之所知也夫晉何厭之有既東封鄭又欲肆其西封若不闕秦將焉取之闕秦以利晉唯君圖之秦伯說與鄭人盟使杞子逢孫楊孫戍之乃還

●《左傳‧僖公三十年》記載「燭之武退秦師」

能會，但是再怎麼補償，都比不過晉秦局勢的根本關鍵。燭之武正是看清了這個關鍵，才敢前來說服秦繆公。

這個根本關鍵是什麼？那就是「晉之強，秦之憂也」！

在過去的歷史中，秦晉兩國曾經無數次的作戰，互相覬覦對方的土地，換做你是秦繆公，你能放心這樣的鄰國繼續強大下去嗎？今天晉國不打秦國，只是基於它的善意，問題是「善意」這種東西，能夠作為國際政治的根本嗎？

很悲哀的，答案是「不行」。如同各位都很熟悉十九世紀英國首相巴麥尊（Lord Palmerston）的那句話：

「沒有永遠的朋友，沒有永遠的敵人，只有永遠的利益。」「利益」才是國際政治的根本，人跟人之間或許未必如此，但國跟國之間確實就是如此。晉國跟秦國關係再怎麼好，也改變不了「晉之強，秦之憂」這個根本事實。

繆公聽了燭之武這句話，立刻撤兵回國。從繆公這個反應就可以知道，燭之武真的說中了繆公的心事，繆公的內心深處真的憂心這個問題。關於燭之武對秦繆公所說的話，《左傳》中有另外一段記載：

見秦伯曰：「……夫晉何厭之有？既東封鄭，又欲肆其西封，若不闕秦，將焉取之？闕秦以利晉，唯君圖之。」秦伯悅，與鄭人盟，……，乃還。子犯請擊之，公曰不可。

燭之武對秦繆公說：「晉國的貪欲會滿足嗎？它向東降服鄭國之後，也會想向西擴張土地，如果不從秦國那裡奪來，又從哪裡取得？秦國失去土地而使晉國得利，希望君上好好想一想。」秦繆公聽了很高興，決定和鄭人定下和平盟約，接著便撤兵。

當晉國得知秦國撤兵時，晉國大臣子犯的第一反應竟然是，提議立刻進攻秦軍！

等等，朋友幫你去毆打弱小，中途決定不幹了。你可以不高興，甚至怪朋友不幫忙，可是沒有反過來把朋友打一頓的道理吧？這可以看出晉國君臣對秦國的疑懼和不信任，幸好晉文公最後阻止了他。各位讀到這裡就會明白，前面所問的秦晉是否真的親如一家？它的答案究竟是什麼。

秦繆公一撤兵，晉國也立刻撤兵了。難道晉國獨力滅不了鄭國嗎？當然不是。問題是，晉國今天如果堅持自己攻打下去，鄭國守城對抗，晉國的軍隊要損失多少人？各位要知道，在古代的戰爭中，以攻城的死傷最為慘重。所以《孫子》才說：「上兵伐謀，其次伐交，其次伐兵，其下攻城」、「殺士卒三分之一，而城不拔者，此攻之災也。」

更重要的是，秦國已經撤兵回國，實力完整無缺，就在你晉國的背後虎視眈眈，晉國難道能夠放心？晉國實力一旦受到嚴重損害，當初被你打敗的敵人如楚國，難道不會捲土重來嗎？

「晉之強」是「秦之憂」，反過來說，「秦之強」又何嘗不是「晉之憂」？

三十二年冬，晉文公卒。

晉文公即位的時候，已經六十二歲。即位九年後，晉文公就死了。晉文公在時，秦國可以說唯晉國馬首是瞻。如今晉文公不在了，試問秦國會做何打算？

就在這個時候，突然發生一件事，有人向秦國出賣鄭國。據《史記・鄭世家》記載，這個人是鄭司城繒賀；而據《左傳》的記載，這個人是戍守鄭國的秦大夫杞子。不過在這裡是誰賣的不重要，重要的是秦繆公買不買？我們就從這裡的反應，來看看繆公心裡究竟在想什麼？

鄭人有賣鄭於秦曰：「我主其城門，鄭可襲也。」

這個出賣鄭國的人說：「我是掌管城門的人，只要有我配合，秦國可以輕易攻下鄭國。」

秦國的志向就是東進，對繆公來說這真是天上掉下來的禮物啊！

這是一個進入中原的大好機會，機會稍縱即逝。請問如果你是秦繆公，你出兵還是不出兵？

繆公立刻問蹇叔和百里傒的意見，各位猜他們兩個人怎麼回答？

> 繆公問蹇叔、百里傒，對曰：「徑數國千里而襲人，希有得利者。且人賣鄭，庸知我國人不有以我情告鄭者乎？不可。」繆公曰：「子不知也，吾已決矣。」遂發兵，使百里傒子孟明視，蹇叔子西乞術及白乙丙將兵。

兩人說：「穿越好幾個國家，跋涉千里去偷襲，風險實在太大，很難得到好處。」鄭國離秦國實在太遠，古代既沒有火車，也沒有飛機，因此隨著距離的遙遠，所帶來的運輸和補給的難度將會成倍增加，距離永遠是制約戰爭的強大因素。更何況，蹇叔和百里傒還點出了更重要的問題，兩人又說：「既然有人能出賣鄭國，怎麼知道不會有我們的人出賣秦國呢？絕對不可以。」

蹇叔和百里傒說得有沒有道理呢？太有道理了。因為秦國這一次去攻擊鄭國，唯一成功的可能只有偷襲。但如果有秦國人把出兵這件事洩漏出去，偷襲就不可能成功。

但各位注意繆公怎麼回答？繆公說：「這不是你們兩個能懂的事，我已經決定了！」

這句話是什麼意思呢？言下之意便是，你們兩個已經老了，沒有銳氣了，哪裡懂得我心中的雄圖大略呢？各位看看繆公這個口氣，和當年迎回百里傒、蹇叔的謙虛姿態，差距有多麼大？

說實話，這是秦人的老毛病了。各位熟讀秦國的歷史後就會知道，秦人的性格是什麼呢？他們在碰到逆境的時候，頭腦特別清楚，奮力死戰，百折不撓，而且只要有求於人，多低的姿態都可以擺出來；可是一到順境之後，就很容易得意忘形，目空一切，一旦覺得別人沒有利用價值，就立刻棄之如敝屣。秦繆公是這樣，秦始皇也是這樣，這是他們的家族性格，也就是上一本書中尉繚的評語：「居約易出人下，得志亦輕食人。」

繆公為什麼會有這種反應呢？因為他已經忍受了晉國太多太多年，他不想再忍了。好不容易等到同樣雄才大略的晉文公終於死了，好不容易遇上這樣的良機，他辛苦累積國力這麼久，不就是為了這一刻嗎？這樣的機會稍縱即逝，怎麼能夠猶豫呢？此時他心中可能在想，你們兩個老頭居然如此怯懦，可見你們年紀已經大了，已經不明白我了，真是太讓我失望了。

所以繆公悍然決定，立刻出兵鄭國！百里傒跟蹇叔的兒子有將才，所以他就任命他們的兒子孟明視、西乞術和白乙丙去做主帥。結果到了要出兵的那一日，百里傒跟蹇叔卻做了一件出人意料的事，他們兩個居然跑到遠征軍前去痛哭！

行日，百里傒、蹇叔二人哭之。繆公聞，怒曰：「孤發兵而子沮哭吾軍，何也？」二老曰：「臣非敢沮君軍。軍行，臣子與往。臣老，遲還恐不相見，故哭耳。」二老退，謂其子曰：「汝軍即敗，必於殽阨矣。」

繆公聽說此事後，非常非常生氣。為什麼呢？他要發兵，而兩個老頭到軍前去痛哭，這不是觸霉頭嗎？他氣得把兩人立刻找來問：「我要發兵，而你們到軍前去痛哭，敗壞我大軍的士氣，究竟是什麼意思？」

百里傒跟蹇叔說：「我們絕對沒有敗壞大軍士氣的意思，只是因為兒子們率領軍隊東征，不知要多久才能回來。我們兩人年紀實在太老，說不定他們回來晚了，就見不到我們最後一面了，所以才哭。」各位看二老多會講話，這話講出來誰也沒辦法怪罪他們，人之常情嘛！但這是表面上冠冕堂皇的話，二老轉頭私底下就對自己的兒子說了真話。

人文學講的是常理，而非定理。就常情常理而論，父母對子女往往是最真心的（但我可沒有說子女對父母）。人在外面很多不能公開說的真話，往往會跟自己的孩子說出來。

我常跟臺大上課的同學說，天下對你們最好的，大概莫過於你們的父母。因為如果有一天你需要一個腎，只有你的父母會毫不猶豫地把自己的腎給你，再好的朋友都做不到這件事。

我的老師當年教我，人絕對不可以交不孝的朋友。為什麼呢？父母對他那麼好，他都能對自己的父母不孝。如果你跟他交朋友，你對他再好，能好得過他的父母嗎？他對父母都如此，他將來會怎麼對你？你覺得他能對你，比對他自己的父母更好？你以為你是誰啊？

就像前面所說的，古人認為最高的道德和最高的智慧往往是合一的，無論你用智慧去計算，或者你用道德去判斷，只要境界夠高，所做出的決定必然是相同的。

二老跟兒子們說了真話，他們說：「你們的軍隊一定會戰敗，戰敗的地方在殽山險要之處。」所以二老為何而哭？是為即將慘敗的秦軍而哭。人之將死，其言也善，這是二老最後的預言，我們來看這個預言會不會成真？

三十三年春，秦兵遂東，更晉地，過周北門。周王孫滿曰：「秦師無禮，不敗何待！」

第二年春天，秦兵開始東征鄭國。這場東征之旅十分漫長，因為從秦國到鄭國，至少必須穿過晉跟周兩個國家。秦軍先經過晉國，然後又穿越周的王畿，直接從周都的北門外通過。這次秦國是要去偷襲，當然不會大聲宣告我們要經過你的國家，更不可能會去朝見周天子。可是在外交禮儀上，率領軍隊通過他國的國土，卻不跟人家打聲招呼，這是極為沒有禮貌，甚至可能引發國際糾紛的事情，即使在今天都是如此，因此周的王孫姬滿大罵：「秦師無禮，不敗何待！」

為什麼周人要大罵？因為秦人這樣的舉動實在不把周天子看在眼裡。為什麼周人只能大罵？因為周人打不過秦國，除了大罵還能幹嘛？王孫姬滿只好詛咒秦軍一定會慘敗，後來果然給這個烏鴉嘴說中了。

根據《左傳》的記載，王孫滿的不滿（好繞口的一句話）則是因為秦軍過周北門時沒有卷甲束兵，因此認為秦師「輕而無禮」。不論是哪種情況，總之秦師確實沒有表現對周天子應有的禮儀，也難怪周人生氣。不過話說回來，秦人自以為是秘密偷襲，沿路國家卻都知道他們出兵，這種毫無秘密可言的「偷襲」還真是「不敗何待」了！

兵至滑，鄭販賣賈人弦高，持十二牛將賣之周，見秦兵，恐死虜，因獻其牛，曰：「聞大國將誅鄭，鄭君謹修守御備，使臣以牛十二勞軍士。」秦三將軍相謂曰：「將襲鄭，鄭今已覺之，往無及已。」滅滑。

謀無禮則脫 入險而脫又不能謀能無敗乎及滑鄭商人弦高將市於周遇之以乘韋先牛十二犒師 曰寡君聞吾子將步師出於敝邑敢犒從者不腆敝邑為從者之淹居則具一日之積 行則備一夕之衛且使遽告于鄭 則束載厲兵秣馬矣 使皇武子辭焉曰吾子淹久於敝邑唯是脯資餼牽竭矣 為吾子之將行也 鄭之有原圃猶秦之有具囿也

●《左傳・僖公三十年》記載「弦高犒秦」

等秦軍一路走到滑這個地方，這時候發生了歷史上很有名的一件事，就是「弦高犒秦」。鄭國有一個商人名叫弦高，本來是帶著十二頭牛要到周去賣，從這個數目來看，這人應該不是什麼大商人。結果他倒楣，中途碰上了正要去偷襲鄭國的秦軍。大凡在這種情況下，軍隊的行動絕不能洩密，因此弦高最有可能的結局是被滅口，其次則是被俘虜。人都如此，牛的下場也就可想而知了。

所以弦高非常害怕，他靈機一動，乾脆冒充鄭國的使者，將牛群當成鄭國的禮物。他主動對秦軍說：「鄭國聽見大國將前來征討，已經做好一切防禦準備，先派我帶十二頭牛前來犒勞秦國的軍士。」這句話一講出來，秦國三將軍立刻大驚，我要偷襲鄭國，結果鄭國已經發覺了，這場仗還怎麼打？如今就算去了也沒用，只好不打鄭國了，於是弦高也被釋放了。

弦高為何這麼做？其實《史記》將他的原始動機講得很清楚，只不過就是「恐死虜」而已。但最後他的靈機一動，不但挽救了個人的命運，也挽救了國家。

讀到這裡，請各位停下來，我想先談談另外一件事。

「燭之武退秦師」跟「弦高犒秦」兩個故事流傳千古，他們的機智被後人所傳頌。在我小的時候，這兩個故事是被寫在國文課本裡，用來宣傳弱國也可以靠外交在大國的夾縫中求生存，以及個人怎麼靠機智拯救國家，成為典型教材。

關於這兩點，課本說的有沒有錯呢？當然沒有錯。但如果各位在更熟悉鄭國的歷史之後，或許就會有另外一種想法了。

鄭國是個什麼樣的國家？它是春秋初年天下第一大國。前面曾經講過，西周末年，看到王室有危機，首先決定逃跑到東方的，正是鄭國。在西周滅亡時，擁立那個勾結外族殺害自己父親的不義周平王，並藉此獲得最大好處，執掌朝廷大權的，也是鄭國。後來周桓王厭惡鄭莊公的跋扈專權，莊公就立刻翻臉，春秋時第一個帶兵和王室作戰還把周王射傷的，還是鄭國。一言以蔽之，這是春秋時代天下第一不要臉的國家。

後來鄭國國勢衰落，四周的國家全部虎視眈眈。北方的晉國聯合秦國來打它，它就搞個燭之武退秦師，靠著辯才化解了軍事危難。西方的秦國來進攻它，它就靠著小商人弦高的機智，最後也解決了這次危難。等南方的楚國來打它，鄭伯就脫光了上身，牽著一頭羊，代表自己是罪人，前來迎接楚王乞憐，楚王就原諒了他。

乍看之下，這個國家手段百出，每每都能靠著聰明挽救自己。可是各位要知道，到了戰國初年第一個被滅亡的大國就是鄭國啊！而且滅亡它的，還是戰國七雄的第一弱國韓國。

鄭國的歷史告訴了我們什麼呢？人如果不自立自強，老是耍這些心計，終究是要完蛋的。國家更是如此，自己的內政軍事亂七八糟，總想憑外交關係和手段來解決危機，最後還是要被人宰割的。

人生在社會上當然要靠關係，關係非常非常重要。可是如果你自己沒有本事，除非那個關係是你爸你媽，再怎麼樣他都要維護你到底，否則的話，歷史告訴我們，如果你沒本事，關係、人情成為了消耗品，終究是要用盡的。只有你有本事，能夠形成利益共同體，關係不斷增益加強，才能相得益彰。不管是個人還是國家，像鄭國一樣「虛內務而恃外好」，終究是不成的。

接下來，我們再回到秦軍的部分。

秦軍奇襲不成，這下該怎麼辦？他們不能無功而返，否則太丟人了，回去怎麼交代？將士的士氣又如何安撫？於是秦軍只好順手把滑給滅了，當作這次出征的成績，這下就捅了馬蜂窩了。

> 當是時，晉文公喪尚未葬。太子襄公怒曰：「秦侮我孤，因喪破我滑。」遂墨衰絰，發兵遮秦兵於殽，擊之，大破秦軍，無一人得脫者，虜秦三將以歸。

秦軍滅滑的時候，晉文公還沒有下葬，太子襄公知道後非常憤怒。為什麼呢？《左傳》說滑是晉的同姓之國，《史記》則說滑是晉的邊境之邑。但不管如何，晉國都把滑看成是自己的勢力範圍。所以晉國在後來的〈呂相絕秦書〉中說：「文公即世，穆為不弔，蔑死我君，寡我襄公，迭我殽地，奸絕我好，伐我保城，殄滅我費滑，散離我兄弟，撓亂我同盟，傾覆我國家。」將秦國在文公未葬時出兵滅滑，當成是大罪之一。

按當時的規矩，別國辦國喪的時候，你絕不能去進攻它。趁人家發喪，去進攻別人的國家，在當時的國際禮儀裡，是非常不道德的事情。從史實來看，即使在戰亂頻仍的春秋時代，這種事也極為罕見的，可見確實是當時列國所共同遵守的規範。其實這也合理，每個國家都有國喪的時候，你現在不顧禮義去進攻他國，等輪到你辦國喪時，列國也來共襄盛舉怎麼辦？

襄公說：「我的父親晉文公死了，秦國就看不起我這個孤兒，竟然利用正在辦喪事的時機，前來攻破我晉國的滑。」於是晉襄公穿著黑色的喪服出兵，在秦軍回師的必經之地殽阨，也就是殽山的險要之處設下埋伏，結果大破秦軍。根據史書記載，這次除了領兵的三位將軍被俘虜外，東征秦軍竟無一生還。

這場大戰，可以說是對於秦國的慘痛打擊。秦繆公即位以來，辛苦培養了數十年的東征精銳軍隊，在此一戰覆沒。但我們一定要問一個問題：

秦繆公這麼聰明的人，為什麼會招來這樣的大敗？這次奇襲鄭國，為什麼會得到這麼淒慘的結果？

各位都有智慧，應該能提出許多精采的答案，相信也都有道理。以下是我個人的意見。

想解答這個問題，就應該先問，秦國這場大敗真的是意外嗎？

當然不是，因為出發前百里傒跟蹇叔就已經預言了這場大敗，連大敗的地點都已經清楚預料到了。殽阸在哪裡？它不在鄭國，不在秦國，就在晉國！所以百里傒跟蹇叔早就清楚知道，將來大敗秦軍的必是晉軍！

為什麼呢？前面說過了，「晉之強」是「秦之憂」，而「秦之強」也是「晉之憂」。晉強秦弱，晉文公在時，秦國只能乖乖幫忙，直到「燭之武退秦師」之後，兩國終於撕破了虛偽的假面具。

晉文公年紀這麼大，他終究會死，可是太子又不成才（從後來的歷史看，晉襄公在殽阸大敗秦師之後，從此便沉溺酒色）。那麼文公不免會擔心，他死了之後，晉國怎麼辦？不要忘了，秦國已經兩次出兵廢立晉國的國君了。

唯一解決這個問題的方法，只有讓秦國遭受一場慘敗，徹底損傷它的元氣，晉國才能高枕無憂。但是，怎麼樣才能打敗秦國呢？

出兵進攻它？不，這是最蠢的做法。晉國是天下諸侯的盟主，師出無名去討伐自己的盟國，這會讓其他同盟國都心寒齒冷。況且秦國如果堅持抗戰，晉國要死多少人才打得下？到時就不只是秦國元氣大傷，連晉國也會元氣大傷，豈不是讓其他國家坐收漁利？

打仗要如何才能勝利？從兵法來看，就是讓對方在我想要的時間，我想要的地點，以我想要的方式，和我進行一場我想要的戰爭。因此這場戰爭，最好是在一個秦國自以為得計而對晉國失去防備的時間，在一個晉軍能夠以逸待勞的地點，用設下陷阱的方式，去打一場晉國占據大義名分，全軍因而士氣大振的一場戰爭。

要完成這樣的計畫，就必須讓秦國願意出兵遠征。要讓秦國願意出兵遠征，就必須拿出讓他們垂涎的誘餌。晉國拿出的誘餌，就是鄭國！而且是一個可以不費吹灰之力輕易拿下的鄭國，這對作夢都想進入中原的秦繆公來說，這是不能拒絕的誘餌。

但這個龐大的計畫，還有一個關鍵問題要解決。只要晉文公還在，秦繆公就不可能失去對晉國的重重防備而東征，這個計策就不會成功。因此這個計策實踐的最佳時間點，必須是在晉文公已死的時候，秦繆公才會放下所有的防備。晉國忙於國喪，理應不能出手，這是稍縱即逝的良機，秦國必會悍然發兵遠征。

試問當世之間除了晉文公之外，又有誰能輕易調動鄭、晉兩國，來完成這個坑殺秦國的計畫？所以我認為，這場戰爭根本就是晉文公的陰謀。他利用自己的死，設下了一個巨大的陷阱，讓秦繆公自己跳進去！

至於如何製造伏擊秦軍的藉口，那就太容易了。只要秦軍在喪期穿過晉國出境遠征，那就是無禮。試問，連周都知道秦軍過境，晉國又怎會不知？如果晉國知道，為何一開始不阻止秦軍？晉國、鄭國恐怕都已做好準備，只待秦軍襲鄭不下，便可在回程中伏擊。這就是蹇叔和百里傒之所以斷定，秦軍必敗於郩阨的原因。

換句話說，只要秦繆公決定出兵東征，晉國就已經確定勝利了。

還有一個證據，就從秦軍的「全軍覆沒」可以看出。一般的戰爭，通常結局是有死有傷有俘。能夠讓對方的軍隊全部死光，基本只有一種可能，那就是晉國從一開始就計畫打一場殲滅戰，要把秦軍全部殺光，來徹底傷害秦國的元氣。

但是，這樣的說法還有一個疑點。如果百里傒跟蹇叔明知此事，為何不明白告訴秦繆公呢？因為他們沒有證據。事實上他們嘗試勸阻過了，可是繆公不聽，因為過去一連串的成功，讓繆公越來越有自信，他不想再樣樣聽別人的指導了。軍前哭泣，正是二老最後勸阻秦軍的努力。但從繆公的憤怒反應來看，他心中已經不再信賴他們了。

對於已經不相信你的人，再勸，有用嗎？

在這一刻，繆公的情感和欲望，已經蓋過了他的理智。此時的他，眼中只看到了僥倖的成功，卻不願去想可能的失敗。《易經》解釋「亢龍有悔」說：「知進而不知退，知存而不知亡，知得而不知喪」，所以才會「動而有悔」。即使你是龍，這樣做都得有悔！

所以如同我上一本書所說，歷史告訴我們，想要成功，就請你一定要時時把理智放在感情之上。我曾用秦始皇為例說過，歷史上一個人會上當，往往不是因為他笨，而是因為他貪，這就叫「欲令智昏」。秦繆公正是因為無法抑止自己進入中原的貪念，不聽百里傒跟蹇叔的忠告，最後才會上了這個大當。兩位老臣最後的哭泣，難道不也是為了自己多年的心血即將毀於一旦而痛哭嗎？

我也曾說過，兵法之要義就是「忍」和「先」，黃石公教張良正是這兩點。只有「一忍到底」，才能讓人失去防備；而出乎對方意料之外，就是「絕對的先」。晉文公用自己的死，來讓秦繆公失去防備，這不只是「忍到底」，根本就是「忍到死」啊！正因做到這個地步，才能出乎秦繆公的意料之外，才能一舉消滅秦軍。

重耳啊，怪不得孔子說你「譎而不正」，在這個戰亂的時代，你真是當世人傑！

讀懂這場戰爭後，不禁令人感到毛骨悚然。秦繆公和晉文公都是志在天下的英雄人物，卻不幸生在同一個時代，還在相鄰的兩個國家。這對翁婿彼此計算防備多少年，最後晉文公用自己的死來設下陷阱，終於狠狠地擊敗了秦繆公。

繆公和那些在殽阨犧牲的無數秦軍將士啊！你們大概作夢也沒想到，自己竟然是敗在一個亡靈的手裡！

第六章——悲痛的誓言

東征秦軍全軍覆沒，這是秦國立國以來最大的危機。如果你是秦繆公，面對這樣的慘敗，你該怎麼辦？我們看看接下來的發展。

文公夫人，秦女也，為秦三囚將請曰：「繆公之怨此三人入於骨髓，願令此三人歸，令我君得自快烹之。」晉君許之，歸秦三將。

各位還記得那位再嫁重耳的秦國公主嗎？她是晉文公的夫人，晉襄公名義上的嫡母，這時她出來為那三位害得秦國大敗的將軍說話了。說什麼呢？她說：「繆公對這三個人恨入骨髓，希望你把三個人送回去，讓秦君親手烹殺了他們。」

如果你是晉襄公，秦軍已經慘敗，計策大獲成功。請問此時此刻，你會答應嫡母的請求嗎？

晉襄公當然答應，因為他認為秦國已經不足為慮，何不做個人情？他把這三個將軍送了回去，滿心以為他們回去必死無疑。這三位將軍也以為自己死定了，但他們被送回秦國後，看到的卻是一幕意外的情景。

三將至，繆公素服郊迎，向三人哭曰：「孤以不用百里傒、蹇叔言以辱三子，三子何罪乎？子其悉心雪恥，毋怠。」

秦繆公穿著喪服，親自到城外來迎接他們，哭著對三人說：「當年百里傒和蹇叔勸我不要東征，是我沒有聽二老的話，才會有這樣的大敗，才害得你們受這樣的侮辱。這是我的錯，你們哪有什麼錯？拜託你們幫我盡心洗雪這個恥辱，千萬不要懈怠。」

各位年輕的朋友們，讀這段話可能沒有感覺。等你們以後年長入了社會就會知道，要讓高高在上的上位者，願意主動道歉，承認自己的錯誤，這是多麼困難的事情。世間絕大部分的上位者，都不會公開承認自己有錯，他們所有的錯誤都是別人造成的。

秦繆公為什麼這麼做？因為今天晉國給了他人生最大的恥辱，他要雪恥！

想要雪恥，就必須先強國；想要強國，就必須先從找回人才開始！這三個人都是將才，將才難得，秦國不能沒有他們。所以繆公才一定要女兒幫忙，把他們救回來。《左傳》記載晉國大臣先軫在聽到襄公放回三將後，氣憤地唾罵晉襄公說：「亡無日矣。」從這個反應就可以知道，這場戰役的勝利絕非晉襄公之功。然後先軫立刻去追，可惜最後沒追上，可知在他的心中，這三人確實是足以威脅晉國的難得將才。

如果當初文公夫人對襄公說，秦繆公非常重視這三個人，這是秦國難得的將才，請饒了他們三個吧！那麼襄公就一定會殺了他們。為什麼？因為這樣的人才，怎麼能留在已經結下死仇的敵國手中？所以文公夫人才故意那麼說，這一招不是跟當年繆公用五羖羊皮贖回百里傒的智慧一樣嗎？可見計策不在新舊，有用就好，只要對手夠笨，一樣還是會上當的。

繆公心中怎麼可能不怪罪這三個將軍？歸罪於他人，找尋替罪羔羊，這是人的常情，特別是上位者的常情。但繆公知道沒有這三個人，他不可能復仇。當秦國敗落到了這一刻，繆公的神智忽然又恢復了清明。前面說過，秦人的性格非常特別，當處於逆境的時候就會智勇兼備，可是一到順境就立刻得意忘形。而現在秦國正是逆境之時，秦繆公終於用理智蓋過了他的感情。

遂復三人官秩如故，愈益厚之。

試問，如果繆公堅持自己沒錯，把過錯全部賴在三人頭上，這三人心中做何感想？他們難免會覺得不平，這是人之常情。而如今繆公主動認錯，難道這三人會因此真的覺得自己沒有錯嗎？

當然不會。這只會讓三人更加羞愧，更要全力以赴來幫助繆公。

如今繆公不但沒有怪罪三人，還恢復了他們原有的官爵和俸祿。注意這上面四個字，「愈益厚之」，不是「厚之」，不是「益厚之」，而是「愈益厚之」。對他們比犯錯之前還要親厚，待遇還要更好。這不是人之常情，這是天下霸主的胸襟。

三十六年，繆公復益厚孟明等，使將兵伐晉，渡河焚船，大敗晉人，……以報殽之役，晉人皆城守不敢出。

繆公的復仇計畫成功了沒有？他苦苦忍耐了三年，重新訓練出一批精銳軍隊，讓三位將領再次率領進攻晉國。三人在這三年中備受繆公的厚待，他們能沒有自愧之心嗎？所以這次他們在渡河之後，便將所有船隻焚燒殆盡。什麼意思呢？就是下定決心，如果這次不能戰勝晉國，他們便不打算再活著回秦國了。

在秦晉之戰後的三年裡，晉襄公終日沉湎於酒色之中，而秦人卻日夜切齒等待復仇，各位覺得誰會贏？最後的結果當然是，秦軍殺得晉軍抱頭鼠竄，在晉國縱橫來去，晉軍只能躲在城池裡不敢出來。

這一次，秦繆公終於打敗了晉國，洗雪了當年的恥辱。請問如果你是秦繆公，在成功戰勝雪恥之後，第一件事要做什麼？

舉國狂歡三日來慶祝？向晉國勒索更多的財富和土地？乘勝追擊併吞晉國？都不是。

於是繆公乃自茅津渡河，封殽中尸，為發喪，哭之三日。

繆公從秦國渡河到了晉國，不是去佔領的城池中巡視，而是專程到當年秦軍戰敗的殽阨去。去那裡做什麼呢？因為當年秦軍在殽阨戰敗，全軍覆沒，那些秦國的將士們到現在都還曝屍荒野，無人埋葬（那當然，晉國人怎麼可能幫忙埋葬？）。秦繆公特別去這一趟，就為了幫當年秦軍陣亡的將士們舉行喪禮，為他們痛哭三日。

喪禮之後，秦繆公召集了戰勝的秦軍將士們，當著所有的人面前宣誓。這一篇誓言就是鼎鼎大名的〈秦誓〉，也是後來《尚書》的最後一篇。秦繆公要告訴所有將士什麼呢？

乃誓於軍曰：「嗟！士卒，聽無譁，余誓告汝，古之人謀黃髮番番，則無所過。」以申思不用蹇叔、百里傒之謀，故作此誓，令後世以記余過。君子聞之，皆為垂涕。

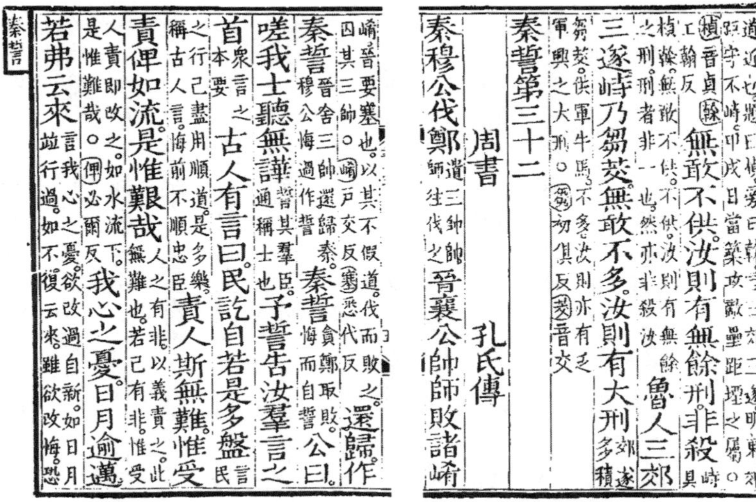
秦誓
道近也。題曰楨。旁曰榦。言三郊三遂明東郊距守不峙。甲戌日當築攻敵壘距堙之屬。○峙具
楨音貞 榦工翰反 無敢不供，汝則有無餘刑，非殺。
楨榦。無敢不供。不供，汝則有無餘之刑。刑者非一也，然亦非殺汝。魯人三郊
三遂，峙乃芻茭，無敢不多。汝則有大刑。郊遂多積
芻茭，供軍牛馬。不多，汝則亦有乏軍興之大刑。○芻初俱反 茭音交
秦誓第三十二
周書 孔氏傳
秦穆公伐鄭，遣三帥帥師往伐之。晉襄公帥師敗諸崤，
崤晉要塞也。以其不假道，伐而敗之。囚其三帥。○崤户交反 塞悉代反 還歸，作
秦誓。晉舍三帥還歸秦。穆公悔過作誓。秦誓。貪鄭取敗。悔而自誓。公曰：
嗟我士，聽無譁。誓其羣臣。通稱士也。予誓告汝羣言之
首。衆言之本要。古人有言曰：民訖自若是多盤。言民
之行己盡用順道，是多樂。稱古人言，悔前不順忠臣。責人斯無難，惟受
責俾如流，是惟艱哉。人之有非，以義責之。此無難也。若己有非，惟受
人責即改之，如水流下。是惟難哉。○俾必爾反 我心之憂，日月逾邁，
若弗云來。言我心之憂，欲改過自新，如日月並行過，如不復云來。雖欲改悔，恐

●《尚書‧秦誓》

《史記》中只引用了此篇的大意，意思是古人曾有言，遇事必要先問多歷世事的耆老，這樣才不會有過錯。為什麼繆公要說這段話？因為他深深追悔當年沒有聽百里傒和蹇叔的話，才會鑄成大錯。

所以〈秦誓〉的目的，不是要向將士們宣傳秦軍多麼厲害，不是要炫耀繆公多麼偉大，而是要在所有人面前，再一次沉痛地認錯。繆公不但要當眾認錯，還要特地作一篇誓言，讓後來世世代代的子孫，都記得他曾經犯下了什麼樣的大錯。

常人之情，掩過尚且不及，何況是要上位者公開向大家認錯！更

何況他不只是要現在的人記得他的過錯，還要後世的人都記得他的過錯！秦繆公這個人，實在太了不起！

各位可能會想，「認錯」有這麼重要嗎？是的，非常重要。從歷史上來看，任何一個人或團體都不是完美的，難免都有決策錯誤的時候。有錯不怕，最怕的是因為礙於上位者的面子或責任，因而不敢改正錯誤，甚至還要千方百計地去遮掩錯誤，於是一步錯步步錯，直到難以收拾為止。

更糟的是，上位者將錯誤推給下面的人，以為暫時如此便可解決問題，卻不知上行下效，人人有樣學樣，於是推諉成風。有過者無罰，無辜者受罪，人心就此離散，敗壞團體士氣莫大於是。

只有真正有自信、有擔當的人，才能勇敢承認自己的錯誤，也才能及時改正自己的錯誤，這樣的人才是真正足以擔當大任的領導者。

在歷史上，其實並不是只有秦繆公如此，我再給各位舉一個例子。在四百多年前日本的戰國時代，有一個人叫德川家康，他原本是日本中部三河國的小諸侯。當時在他的東邊，有一個極為強大的諸侯叫武田信玄，帶領了大軍要西上京都奪取天下，因此要攻打擋路的德川家。德川家康青年氣盛，決定率領軍隊迎擊信玄，兩軍在三方原會戰。最後德川家康慘敗，狼狽逃回城中，幸好武田信玄因為病倒撤軍，德川家這才逃過了一劫。

但德川家康並不因此而欣喜，反而專門命令畫師繪畫一幅他因戰敗而愁眉苦臉的畫像，提醒自己不要重蹈覆轍，也讓後世子孫世世代代記得他今天犯下的過錯。這幅畫像後世稱為「顰像」，一直保存到了今天。這樣的胸襟，這樣的氣度，怪不得最後能取得天下，建立將近三百年的德川幕府。

要特別一提的是，〈秦誓〉其實最後還有一段話，值得我們好好看一看：

> 若有一个臣，斷斷兮無他技，其心休休焉，其如有容焉。人之有技，若己有之；人之彥聖，其心好之。不啻若自其口出，實能容之。以能保我子孫黎民，尚亦有利哉！人之有技，媢嫉以惡之；人之彥聖，而違之俾不通。實不能容，以不能保我子孫黎民，亦曰殆哉！

●德川家康「顰像」

這段誓言是什麼意思呢？繆公告誡子孫說：「如果有一個臣子，沒有任何特出的才華，但他的心胸寬大，能夠容人。看到別人有才華，就好像自己有才華一樣高興；看到人家比自己更賢能，心中不但不會嫉妒，還會更欣賞對方。不是只有在嘴巴上稱讚而已，而是真心地能容納別人。這樣的人，才是能保護我子孫和人民之人，才是真正對國家有利之人！

如果有一個人，別人有才華就嫉妒他，千方百計地想要詆毀他；看到人家比自己更賢能，就處處設置障礙阻隔他，不讓主君或上司知道有這樣的人。這種人心中只有自己，無法容下別人比他更傑出。這是會使我子孫和人民不保之人，是對國家有危害之人！」

請問各位，秦繆公話中所說的「人之有技，若己有之；人之彥聖，其心好之」，究竟指誰而言？

這句話指的是百里傒。

如果各位還記憶猶新的話，就會知道繆公是有感而發，他說的正是那位推薦蹇叔的百里傒。百里傒能夠容賢進賢，於是才有秦國的興盛；繆公不聽百里傒的苦勸，於是才有殽阨的慘敗。

〈秦誓〉是繆公血淋淋的教訓，所以他諄諄告誡子孫，不要再重犯他的錯誤。問題是，子孫會記得這樣的誓言嗎？

大約在四百年後繆公的子孫，也就是嬴政，明明知道李斯因為嫉妒而害死了比自己有才華的韓非，卻仍然決定重用李斯。為什麼呢？因為李斯才華出眾，能夠幫助始皇統一天下，所以始皇不在乎他的品德。

秦始皇對李斯百般的好，可以說就算他對不起天下人，也絕對沒有對不起李斯。結果等始皇一死，李斯為了自己能長保富貴，立刻聽從趙高的建議，背叛了始皇，害死了扶蘇，於是有了後來的一連串禍亂。可以說大秦不亡於胡亥，不亡於趙高，而正是亡於李斯。

祖先當年發下如此沉痛的誓言，而子孫卻根本沒有放在心上，繆公在地下若有知，不知作何感想？

三十七年，秦用由余謀伐戎王，益國十二，開地千里，遂霸西戎。

擊敗晉國並不是秦繆公成為春秋五霸的原因，吞滅西戎才是讓他成為霸主的關鍵。秦和西戎恩怨糾纏了數百年，當西周滅亡之後，其實不只秦國藉此良機壯大，西戎同時也在壯大，雙方都在找尋機會，想要併吞對方。

時間回溯到〈秦誓〉的兩年以前，也就是秦國慘敗於殽陁的第二年，發生了一件足以扭轉雙方命運的大事。

戎王使由余於秦。由余，其先晉人也，亡入戎，能晉言。聞繆公賢，故使由余觀秦。

戎王派遣一位大臣名叫由余，前來出使秦國。這位由余的祖先原本是晉國人，後來逃亡到西戎去，因此他能說中原的語言。為什麼戎王要派由余來呢？因為他聽說繆公賢能，所以派由余來「觀秦」。

什麼叫「觀」？讀中國書，關鍵字一個都不能放過。《論語》中孔子說：「視其所以，觀其所由，察其所安，人焉廋哉！人焉廋哉！」一般的白話翻譯大致都是「看他目前所做的事，看他所經歷過的事，看他事後的心情變化。人的真面目，哪裡藏得住啊！哪裡藏得住啊！」但試問，如果視、觀、察都是「看」的意思，那又何必用三個不同的字？

視、觀、察有何不同？其實「視」是一般的看，「觀」是全面的看，「察」是細部的看，三個字的工夫和層次不同。《易經》說：「觀國之光」，就是指到外國要全面地看人家有哪些長處？我們現在常說的「觀光」一詞，正是由《易經》而來，只不過它原來的含義絕不只是出國遊玩而已。

由余前來，正是為了全面地看秦國有哪些長處和弱點，好替西戎提供情報。名為使者，其實就是間諜。試問，如果你是秦繆公，你會如何對待由余？隱藏秦國所有的情況，不讓由余知道？或是把由余抓起來殺掉？坦白說，在秦國現在的情況下，這都不是好主意。

戎王為何在這個時候派由余來？正是因為秦國前一年慘敗在晉國手上，戎王要一探秦國虛實，才能決定是否進攻。如果繆公隱藏秦國的情況，豈不讓戎王覺得欲蓋彌彰。如果把由余抓起來或殺掉，更是給了戎王進攻的最好藉口。當年成吉思汗原本想與中亞大國花剌子模友好通商，結果花剌子模殺掉了他派去的使臣，於是成吉思汗大怒開戰，花剌子模便因此而亡國。

假如秦國還夠強，或許能夠藉此誘敵，但現在的秦國實在不堪一戰。所以，秦繆公會怎麼做呢？

秦繆公示以宮室、積聚。

繆公反其道而行，帶著由余去看秦國壯麗的建築和堆積如山的物資，以顯示其國力的強大，希望讓戎王不敢輕舉妄動。結果由余的評論，卻出乎繆公的意料之外。

由余曰：「使鬼為之，則勞神矣。使人為之，亦苦民矣。」

由余說：「這些宮室、積聚，如果是讓鬼神來營造，鬼神就會勞累不堪；如果是讓百姓來營造，也會使百姓受苦受難。」觀察一個國家的國力，最重要的是看國民是否富足，國民富足才能使國力生生不息。如果只是橫征暴斂，那不過是一時的強大，終究持久不了。

繆公怪之，問曰：「中國以詩書禮樂法度為政，然尚時亂。今戎夷無此，何以為治？不亦難乎？」

繆公聽了由余的話，發現此人絕非常人。從繆公前面的話來看，他恐怕還是把戎狄當成蠻族來看待（其實當時的中原諸國，恐怕也覺得秦國和蠻族差不多），以為只要展現先進的文明成果，就能把他們嚇壞。沒想到由余卻不被表面上的物質繁華所迷惑，而是直接看穿了事情的本質，這是一個智者啊！

於是繆公又問由余：「中原各國有詩書禮樂和法律制度，結果用來處理政事，還不時出現禍亂。而野蠻的戎夷連這些都沒有，要如何治國？這豈不是更困難嗎？」各位看，這不就是一個自認高等文明的人向蠻族說話的口吻嗎？結果由余的回答，再度出乎繆公的意料之外。

由余笑曰：「此乃中國所以亂也。夫自上聖黃帝作為禮樂法度，身以先之，僅以小治。及其後世，日以驕淫。阻法度之威，以責督於下，下罷極則以仁義怨望於上，上下交爭怨而相篡弒，至於滅宗，皆以此類也。夫戎夷不然。上含淳德以遇其下，下懷忠信以事其上，一國之政猶一身之治，不知所以治，此真聖人之治也。」

由余笑著說：「這不正就是中原各國大亂的原因嗎？從上古時代，聖人黃帝創設了禮樂和法制，為了讓大家願意遵守，就必須以身作則，結果也只達到小治的局面。到了後世的君王們，一天比一天驕奢淫逸，卻仍然仗恃著法律制度的權威，不斷剝削逼迫臣民。臣民困苦到了極點，就會怨恨統治者的不仁不義，於是上下彼此產生怨恨，進而相互爭奪廝殺，甚至最後到了非要消滅對方全族不可的地步，原因都是這樣啊！」

由余接著說：「可是戎夷不是這樣。正因君王不懂任何機巧，所以懷著淳樸的仁德來對待臣民。因為臣民也不懂任何機巧，所以懷著忠信來事奉君王。管理一個國家，就像一個人管理自己的身體一樣自然，無須明白道理就能大治，這才是真正的聖人之治！」

由余說的這段話，和記載這段話的太史公，都被後世許多儒家學者嚴厲批評。因為它所傳達的思想更近於道家，和儒家的主張背道而馳。也有現代學者根據這段話，主張太史公其實更傾向道家。

在這裡，我不準備討論太史公究竟傾向哪一家，這個問題已經吵了兩千多年，不是三言兩語可以說得完的。何況分類只是為了後人的研究方便，任何人都有他獨特的思想，不是某個思想宗派的奴隸，不應該就此認為所有的古人都可以簡單地分為某一類。

由余這段話，到底想表達什麼呢？其實他只是點出一個最根本的道理，無論法律有多麼齊全繁多，制度有多麼冠冕堂皇，只要主政者沒有德，什麼都是假的。如果不能從良知出發，所謂的法度，也不過就是懂法律的人欺騙不懂法律的人，決定制度的人去剝削不能決定制度的人罷了。其實法度只是一種工具，而且永遠都有漏洞，其結果好壞往往要看使用它的人是誰。《易經》說：「苟非其人，道不虛行」，正是這個道理。

由余說的這段話，讓繆公聽了十分害怕，因為敵國中竟然有這樣的人才！

於是繆公退而問內史廖曰：「孤聞鄰國有聖人，敵國之憂也。今由余賢，寡人之害，將奈之何？」

繆公只好問他的臣子內史廖：「我聽說過『鄰國有聖人，敵國之憂也』，由余如此賢能，必將成秦國之大害，該怎麼辦？」

「鄰國有聖人，敵國之憂也」，這句話說得實在太好了！國家的興亡往往決定在於人才，能知人用人者興，不能知人用人者亡，歷史上已有無數的例子。

袁紹為何會敗給曹操？其中可能有無數的原因，但中國人看事情有著獨特的角度。曹操的兩大軍師荀彧和郭嘉，原本投奔的都是袁紹，袁紹卻根本留不住人才。最後兩人轉投曹操，幫助他以弱勝強，反過來打敗了強大的袁紹。

項羽為何會敗給劉邦？張良也曾經跟隨在項羽身邊，但項羽既不能用張良，又不能殺張良，最後還把他拱手讓給敵人去用。從這裡就可以知道，項羽絕不能成就大業。

請問，如果你是秦繆公，現在你的敵國擁有由余這樣的人才，你該怎麼辦？

殺了他？這真是最蠢的做法。不要忘了，由余不是個普通人，他是代表戎王前來訪問的使者。如果殺了他，接下來就會是兩國的大戰，不論是勝是負，強敵環伺的秦國絕對不會有好結果。那麼內史廖建議秦繆公的辦法，會是什麼呢？

內史廖曰：「戎王處辟匿，未聞中國之聲，君試遺其女樂，以奪其志。為由余請，以疏其閒；留而莫遣，以失其期。戎王怪之，必疑由余。君臣有閒，乃可虜也。且戎王好樂，必怠於政。」繆公曰：「善。」

內史廖提出了一個計策，他說：「戎王生長在偏僻蠻荒的地方，沒有聽過中原文明世界的美妙音樂。我們可以針對這一點想辦法，送他極為美麗的歌舞女郎，讓他沉迷享樂，玩物喪志。」

各位或許會覺得奇怪，音樂歌舞有這麼大的作用嗎？在古代，確實是有的。現代由於錄音和數位技術的發達，使音樂的取得非常容易，成本也極為低廉。但在上古絕非如此，美好的音樂除非靠自彈自唱，否則就只能養專門的樂團來為主人和賓客演奏，這只有文明世界的貴族才辦得到。

當年魯國用孔子而國勢大興，齊國便感到恐懼，為什麼呢？原因就是「鄰國有聖人，敵國之憂也」。齊魯兩國相鄰，齊國過去又不斷侵攻魯國，因此害怕魯國報復。

怎麼辦呢？於是齊國決定送魯國美麗的歌舞女郎八十人（秦國後來才送了十六人，你看齊國比秦國大方多了），而且先在魯城城門外舉行公演。結果魯國大夫季桓子偷偷跑去看了好幾次，喜歡得不得了，回來連忙向魯定公推薦。魯定公也跑去看，果然不愧是國君，他只去了一次。因為魯定公去了一次，就乾脆整天不回來了。孔子看到君臣都沉迷女樂，不理國事，只好傷心離開了魯國。

齊國如何對付魯君？送女樂。秦國如何對付戎王？送女樂。難道戎王不知道沉迷女色會影響國政嗎？他當然知道，只是忍不住而已。難道他不知道由余說得對嗎？他當然知道，但他不願拒絕這樣的享受啊！請再跟著我默念一次：「一個人會上當，往往不是因為他笨，而是因為他貪。」因為他克制不住自己的欲望。所以計策不在新舊，有用就好。什麼樣的計策最有用？能夠抓住人性弱點的計策，永遠都是最有用的。

接著內史廖還有第二步，他說：「我們一方面派使者向戎王請命，表示由余想在秦國多留一些日子；一方面再將由余強留在秦國，讓他不能在指定的期限回去。這樣一來，戎王想不通由余為何不回來，必然會懷疑他有二心。一旦戎王對由余生出疑心，君臣間便有了裂痕，這樣才可能讓由余為我國所用。而且戎王沉迷女樂，就會怠惰於政事。」

繆公聽了之後十分高興，因為這真是一個好辦法！

為什麼這個辦法好呢？因為內史廖看出了由余最大的弱點。他有智慧，他有才華，但他終究不是戎人！不論由余再怎麼努力，只要他沒有戎人的血統，戎人永遠不會真正相信他。如果由余真的想在西戎發展，就必須認清擺正自己的位置。如果他不明白這一點，而把自己當成真正的戎人大臣，回去後阻止戎王的享樂，那麼由余的悲劇就會來臨。

因與由余曲席而坐，傳器而食，問其地形與其兵勢盡察，而後令內史廖以女樂二八遺戎王，戎王受而說之。終年不還，於是秦乃歸由余。由余數諫不聽，繆公又數使人閒要由余，由余遂去降秦。

秦繆公為了籠絡由余，做到什麼地步呢？他和由余兩人「曲席而坐，傳器而食」。什麼叫「曲席而坐，傳器而食」？在先秦時代，中國人還是分食制，也就是一人或兩人一席，每席都有單獨的一份食物，而不是像現在共圍著一張桌子吃飯。而各席的位置和距離，往往就代表彼此的地位和關係。秦繆公與由余雖然分坐兩席，卻彼此相連接有若曲尺狀，因此能將盛著食物的器具直接傳給對方，這就可以看出兩人關係之親近。

繆公對待由余如此親厚，相處時間一久，自然能從由余口中得到許多西戎的地理和軍事情報。而贈送戎王的十六名歌舞女郎，戎王也立刻高興地收下。內史廖的計策如此順利，一年之後，秦國才讓由余回去。而由余回國後，發現戎王沉迷女色因而荒廢國政，果然好幾次提出諫勸，戎王對他更加厭惡，君臣的裂痕更深。

這時繆公便乘虛而入，派人不斷地暗中邀請由余，由余眼見戎王已經不再相信他，又不願悲劇收場，只能投奔秦國。秦繆公知道由余前來投奔，真是大喜過望，待他有若上賓。他為何如此重視由余？真正的目的，就在下面這一句話：

繆公以客禮禮之，問伐戎之形。

人才難得，如果正好就是我們所需要的人才，那就更加難得。戎王想對秦國動手，秦繆公又何嘗不想對西戎動手！如今熟悉西戎內情的由余前來投奔，那就算付出再大的代價都值得！

三十七年，秦用由余謀伐戎王，益國十二，開地千里，遂霸西戎。天子使召公過賀繆公以金鼓。

在打敗晉國後的第二年，繆公就去征討戎王，而為秦國擬訂全盤伐戎計畫的正是由余。自古以來，再強大的組織都怕熟悉情況的內鬼。在由余的幫忙下，秦國一舉滅掉了十二個國家，擴展了千里的土地，秦國於是稱霸西戎。連周天子都派大臣召公專門贈送金、鼓——古代軍隊「擊鼓而進、鳴金而退」，這也就是軍中所用的銅樂器與戰鼓——作為對繆公的賀禮。

在痛加檢討、發奮圖強之後，這一年秦繆公終於完成了他的霸業，成為春秋五霸之一。秦國到此也終於成為西方大國，連周天子都要來祝賀。在這裡，我們也鄭重地對秦繆公表達恭賀之意。任好啊，一路走來你真的不容易啊！

不過按照前面總結的定律，秦人「越艱困越奮鬥，越順利越荒唐」，現在是繆公一生最順利的時候，各位猜猜接下來會發生什麼事？

沒錯，各位都學會了。接下來秦繆公就會做出他一生最荒唐的決定，讓秦國因此面臨長達十幾世的衰微和內亂。

第七章——改變，從何開始？

在秦國稱霸兩年之後，繆公過世了，葬在雍城。

三十九年，繆公卒，葬雍。從死者百七十七人，秦之良臣……亦在從死之中。秦人哀之，為作歌黃鳥之詩。

稱霸當然是一件好事，不過前面提過，秦人的性格遇到順境就容易出事，因為他們這時會做出一些愚不可及的事。什麼事呢？繆公死前，居然要求秦國的大臣們為他殉葬！

繆公開出的殉葬名單多達一百七十七人，其中就包括了好幾位最優秀的大臣。到今天我們也不知道，秦繆公為什麼會做出這樣一個昏庸的決定？因為這個決定，帶來了秦國國勢巨大的中衰。

當時的秦人特地為這些殉葬的優秀大臣們，作了〈黃鳥〉這首詩歌，裡面說：「彼蒼者天，殲我良人。如可贖兮，人百其身」！什麼意思呢？「蒼天啊蒼天，為何讓我們秦國的好人死得一個不剩。如果我們能用自己贖他的命，情願一百條命換他一個」。各位從〈黃鳥〉就可以看出，當時秦人們的悲痛和不解。

秦人如此，那外國人又如何評價這件事呢？太史公特地轉引了一段《左傳》的評語：

君子曰：「秦繆公廣地益國，東服強晉，西霸戎夷，然不為諸侯盟主，亦宜哉。死而棄民，收其良臣而從死。且先王崩，尚猶遺德垂法，況奪之善人良臣百姓所哀者乎？是以知秦不能復東征也。」

秦繆公以西方偏僻的秦國，居然能夠開疆拓土，東邊擊敗超強晉國，西邊併吞西戎諸國，這是多麼偉大的事業！可是君子說：「這樣的人當不上諸侯的盟主，實在是理所當然的事情。」為什麼呢？因為他「收其良臣而從死」，這不就是遺棄老百姓的作為嗎？繆公的死，已經是秦國的損失了。結果他居然

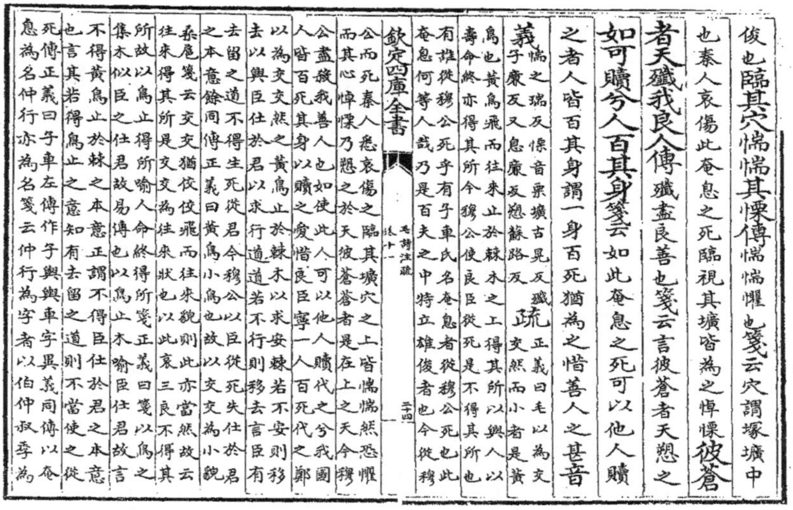
俊也臨其穴惴惴其慄傳惴惴懼也箋云穴謂塚壙中
也秦人哀傷此奄息之死臨視其壙皆為之悼慄彼蒼
者天殲我良人傳殲盡良善也箋云言彼蒼者天愬之
如可贖兮人百其身箋云如此奄息之死可以他人贖
之者人皆百其身謂一身百死猶為之惜善人之甚音
義惴之瑞反慄音栗壙古晃反殲子廉反又息廉反愬蘇路反疏正義曰毛以為交交然而小者是黃
鳥也黃鳥飛而往來止於棘木之上得其所以與人以
壽命終亦得其所今穆公使良臣從死是不得其所也
有誰從穆公死乎有子車氏名奄息者從穆公死也此
奄息何等人哉乃是百夫之中特立雄俊者也今從穆
欽定四庫全書　毛詩注疏 卷十一　二十四
公而死秦人悉哀傷之臨其壙穴之上皆惴惴然恐懼
而其心悼慄乃愬之於天彼蒼蒼者是在上之天今穆
公盡殺我善人也如使此人可以他人贖代之兮我國
人皆百死其身以贖之愛惜良臣寧一人百死代之鄭
以為交交然之黃鳥止於棘木以求安棘若不安則移
去以與臣仕於君以求行道道若不行則移去言臣有
去留之道不得生死從君今穆公以臣從死失仕於君
之本意餘同傳正義曰黃鳥小鳥也故以交交為小貌
桑扈箋云交交猶佼佼飛而往來貌則此亦當然故云
往來得其所是交交為往來狀也以此哀三良不得其
所故以鳥止得所喻人命終得所箋正義曰箋以鳥之
集木似臣之仕君故易傳也以鳥止木喻臣仕君故言
不得黃鳥止於棘之本意正謂不得臣仕於君之本意
也言其若得鳥止之意知有去留之道則不當使之從
死傳正義曰子車左傳作子輿輿車字異義同傳以奄
息為名仲行亦為名箋云仲行為字者以伯仲叔季為

●《詩經‧秦風》所收錄的〈黃鳥〉

還要秦國優秀的臣子們陪著他一起死，這不更是老百姓的損失嗎？

君子又說：「過去有德的先王過世，不是留下了恩惠和貢獻，就是留下了足以垂法後世的制度給百姓。結果繆公居然把善人良臣們奪走，讓百姓一想到就深深為之悲哀。從這一點就可以知道，秦國不可能再次東征了。」

這位預言秦國不能再東征的君子，相傳是《左傳》的作者左丘明，他是春秋晚期的魯國人。他的預言對不對呢？至少在春秋時代，這個君子的預言沒有說錯。但是他萬萬沒有料想到，戰國時的秦國居然峰迴路轉，又迎來了一番新的天地。

但無論左丘明的預言是否準確，他給秦繆公的歷史評價卻留了下來。什麼是歷史評價？這世上充滿著各式各樣的不平等，但只有一件事是平等的，那就是所有人都會死亡。不論你是帝王將相或是販夫走卒，不論你是聖賢英雄或是大奸巨惡，終究有一天要死，沒有人逃得過。到了那一天，你什麼也帶不走，可是留下的就永遠留下了。你的歷史評價，就是看你到底留下了什麼樣的東西給後人。

秦繆公替秦國帶來了霸業，也為秦國帶來了長期的衰弱和禍亂。在史家來看，這和他「死而棄民」的作為是脫不了關係的。下面我將節選一些史事，幫助各位了解接下來秦國國勢的變化。

康公　元年，秦師敗。

二年，秦伐晉，取武城。

四年，晉伐秦，取少梁。

六年，秦伐晉，取羈馬。戰於河曲，大敗晉軍。

繆公死後，太子康公繼位，此時秦晉雙方連年相伐，還算互有勝負。但事實上，因為沒有良臣的輔佐，秦康公奢侈無度而又好大喜功。除了和晉國不斷開戰外，根據《韓非子》的記載，他還「築台三年」，花費大量的人力物力大興土木。可以看出此時晉國國力已經恢復，而秦國卻國勢日漸衰微。

共公　二年，晉趙穿弒其君靈公。

三年，楚莊王強，北兵至雒，問周鼎。

康公的兒子共公在位時，晉的大夫趙氏弒殺了晉君，強敵晉國又爆發內亂，秦國暫時得以喘息。但國際局勢牽一髮而動全身，晉國衰弱，就再也沒有國家能抑制南方超強楚國。於是楚國大舉北進，直逼周都洛陽，楚莊王志得意滿，對周天子派來的使者詢問九鼎之輕重。

在先秦時代，中國人把九鼎當成是正統王權之象徵，楚莊王這麼問，恐怕是打算將九鼎運回楚國的都城去。我們今天有一句成語叫「問鼎中原」，就從楚莊王而來。但在周王使者的據理力爭下，莊王知道時機還不成熟，最後退兵回楚。

桓公　十年，楚莊王服鄭，北敗晉兵於河上。

二十六年，晉率諸侯伐秦，秦軍敗走。

共公生桓公，此時的天下大勢已由晉楚爭霸逐漸轉變為楚國獨強，楚莊王成為天下霸主，打敗了晉國。但秦國這時連被楚國打敗的晉國都抵擋不了，相較於康公時期的秦晉互有勝負，秦軍面對率領諸侯聯軍伐秦的晉國，只能敗走。

景公　十八年，晉悼公強，數會諸侯，率以伐秦，敗秦軍。

桓公生景公（有的記載寫作僖公），此時晉國又生弒君內亂，於是秦國得以在外短暫擊敗晉國。但等晉國恢復穩定後，又數次率領諸國進攻秦國，秦國都是大敗。此時基本上都是晉國進攻秦國，秦國卻無能進攻晉國。秦國的國勢正在日漸下降，繆公的遺業已經快被秦國人吃老本吃光了。

西元一九七七年在陝西省鳳翔縣發掘了秦公一號大墓，學者普遍認為是秦景公的墓葬。這個墓葬是迄今所發掘中國的規模最大的墓葬，葬具的等級亦為同時代之最高；墓內的人殉更多達一百八十六人，是自西周以來所發現人殉最多的墓葬。從這裡來看，秦國在外患頻仍的同時，國君仍然不改窮奢極欲，人殉的習俗更是變本加厲。

不過各位讀到現在，應該已經很熟悉秦國和晉國間的恩怨情仇了，也不難看出來兩國的勝負規律。晉強秦弱，當晉國內亂時，秦國就會佔據優勢；但如果晉國統一穩定，基本上就是晉國壓倒秦國的局面。

本來按這樣發展下去，秦國終究不會是晉國的對手，但為何最後居然是秦國統一天下呢？因為晉國分裂了，而且這一次是永久地分裂。

哀公　十五年，晉公室卑而六卿強，欲內相攻，是以久秦晉不相攻。

三十一年，吳王闔閭與伍子胥伐楚，吳遂入郢。楚大夫申包胥來告急，七日不食，日夜哭泣。於是秦乃發五百乘救楚，敗吳師。

晉國雖強，但實際上已是智、范、中行、韓、趙、魏六家大夫架空了晉君，掌握了國政。而這六家大夫為了決定誰才是晉國真正的主人，展開了激烈而殘酷的內鬥。正因如此，晉國無暇對外發動戰爭。

那麼南方的超強楚國呢？就在秦哀公三十一年，發生了出乎天下人意料的一件大事。天下最強的國家楚國，居然被它旁邊新崛起的吳國給打敗，連國都郢城都被吳國攻破了。

伍子胥像

吳國為什麼會發動這場伐楚之役？就是因為伍子胥這個人。伍子胥原本是楚國人，昏君楚平王殺了他全家，所以他就跑到吳國去，想辦法幫助吳國壯大，然後借吳兵報仇。楚國在這之前因為弒君和內亂，早已外強中乾。伍子胥熟悉楚國內情，於是吳兵一路勢如破竹，打下了楚國的首都。連楚王的屍體，都被伍子胥從墓裡拖出來鞭屍，眼看楚國已經面臨亡國的危機。

那麼楚國究竟被吳國滅亡了沒有？沒有。因為楚國除了昏君外，還有忠臣。楚國的大夫申包胥前去向秦國告急，於是秦哀公出動了五百輛戰車去救楚國，這才挽救了楚國的命運。

秦國為什麼要救楚國？其實秦哀公原本不想救楚，但傳說中申包胥在秦國的宮殿旁哭了七天七夜，眼睛中連血都哭出來了。秦哀公嘆了口氣，他說：「楚國雖然無道，竟然能夠有這樣忠心的臣子，又怎麼能讓它滅亡呢？」他終於被申包胥感動，決定發兵救楚。

秦哀公啊，你為楚國忠心的臣子而感動。你可想過，如果有一天秦國要滅亡了，也能有這麼忠心的臣子嗎？答案是「沒有」。因為忠心的臣子，早已被你的子孫自己殺個精光了。不過，這是後來的故事了。

各位可能會問，秦哀公有沒有因為幫助了楚國復國，而重振秦國的聲威呢？史書上對此缺乏詳細的記載，但從他的謚號「哀」來看，恐怕情況好不到哪裡去。謚號是中國古代對人一生所做的最後評斷，通常有美謚的，未必是真的很好（人死為大嘛，後人總得幫他說點好話）；但有惡謚的，基本上情況都是真的很糟，不是國家動亂就是準備亡國。

惠公　元年，孔子行魯相事。

悼公　九年，吳強，陵中國。

十二年，孔子以悼公十二年卒。

厲共公　二十四年，晉亂，殺智伯，分其國與趙、韓、魏。

哀公的太子夷公早死，因此繼位者是孫子惠公，而後則是惠公的兒子悼公，悼公的兒子厲共公（有的記載寫作剌龔公或厲公）。在他們的時代，天下大勢的變化主要有兩方面。

在南方，吳國在打敗了楚國和越國後，很快地就向北方發展，中原諸國面對強吳都只能避其鋒芒。但就在新興的吳國與老牌的晉國爭奪中原盟主之際，在吳國背後的越國，那個深受吳王信賴的越國，忽然背叛進攻了吳國。後來的發展就如各位所熟知的，越國滅亡了強吳，成為新的南方霸主。

在北方，晉國的紛亂依舊。六家大夫的混戰越演越烈，先是智氏和趙氏聯合打敗了范氏和中行氏，兩家失敗後只好潛逃出國。然後智氏降服了魏氏和韓氏，三家合力準備消滅趙氏。

本來按這種智氏一家獨大的局面發展下去，晉國應該最後會變成智國。但歷史的發展出人意料之外，就在智伯快要成功滅趙時，趙氏秘密派出使者，聯絡了不甘心屈居智氏之下的韓、魏，三家聯合偷襲了智伯。智伯就這樣被消滅掉了，成為千古笑話。於是最後韓、趙、魏三家大夫瓜分了晉國，史稱「三家分晉」。

這一篇是〈秦本紀〉，本紀體除了記載秦之大事，還得記載天下大事，相信各位都已熟悉這樣的體例。但《史記》在秦惠公時忽然記載了一條「元年，孔子行魯相事」，在悼公時又忽然記了一條「孔子以悼公十二年卒」，但孔子一輩子根本沒去過秦國，他當官或逝世又關秦國什麼事？〈秦本紀〉為什麼要記孔子？

因為在太史公來看，孔子不但是足以影響天下的人物，甚至是足以改變中國歷史的人物，所以必須大書特書。其實不僅是〈秦本紀〉如此，如果各位通讀《史記》全書，就會發現孔子這個人物在《史記》裡，只能用「神出鬼沒」四個字來形容。許多和孔子半點關係也沒有的紀傳中，就會突然出現孔子的記事和言語。從這裡就可以看出，太史公心中可謂念念不忘孔子。

而在上面介紹的這些史事中，對秦國的命運影響最大的，莫過於「三家分晉」。因為當時在北方能維持中原諸國聯盟於不墜的，主要就是晉國的強大實力。晉國不但南邊抵禦楚國北上，西邊更擋住了秦國東進的門戶，讓秦國無法進入中原。如果晉國一直強大下去，秦國是根本沒有機會取得天下的。

可是秦國的天運來了，晉國居然被三家大夫瓜分了。晉國一分為三之後，秦國最大的威脅自此不存，這不是上天賜給秦國的最佳良機嗎？

東進是秦國長久以來的心願，此時晉國已被三分，楚國元氣未復，越國鞭長莫及，齊國也被權臣田氏所亂，天下再無人能阻擋秦國。如果你是秦國的國君，面對這樣歷史的良機，請問你會怎麼辦？

我想大部分的朋友都應該會回答，東進！立刻東進！不管是聯合他國或是秦國自己來，絕不能錯失這個千載難逢的良機！事實上，厲共公時代也頻繁地對外用兵，可惜的是秦國終究沒有完成東進中原的心願。為什麼呢？因為後來的秦國自己也爆發了長達七世的內亂。

厲共公卒，子躁公立。

躁公卒，立其弟懷公。

厲共公的兒子是躁公，但躁公死後繼承君位的卻不是他的兒子，而是他的弟弟懷公。從前面的秦史來看，秦人是以立子為常態，為什麼此時卻立弟而不立子呢？史書沒有詳細的記載，做為歷史學者也不能瞎掰。但從日後秦孝公所說的「會往者厲、躁、簡公、出子之不寧，國家內憂」來看，裡面舉例的簡公、出子都是被權臣廢立，恐怕躁公這次的立弟和後來一樣另有內情。

懷公四年，庶長朝與大臣圍懷公，懷公自殺。懷公太子曰昭子，早死，大臣乃立太子昭子之子，是為靈公。

靈公卒，子獻公不得立，立靈公季父悼子，是為簡公。

（簡公）卒，子惠公立。

惠公卒，出子立。

懷公即位才四年，就被庶長朝聯合大臣們逼迫圍困，庶長是秦國掌握軍政大權的大臣，懷公因此而自殺，大臣們又立懷公的孫子靈公為君。等靈公死後，大臣們又趕走靈公的太子，改立靈公的叔父簡公為君。簡公之後傳給惠公，惠公死後，大臣們立他一歲的兒子出子為君（有的記載寫作秦少主或秦小主）。結果在兩年之後，出子就被殺了。

出子二年，庶長改迎靈公之子獻公于河西而立之。殺出子及其母，沈之淵旁。

這一年，靈公的太子獻公從外面回來了。根據《呂氏春秋》記載，本來派去抓獻公的軍隊居然譁變跟隨他，於是大臣們決定迎回獻公。至於出子和他的母親，就被大臣們殺了後丟到深潭之中。

從厲共公到出子，秦國一共七位國君，都在大臣們的操縱和玩弄之中。各位就可以知道為什麼前面會說，權臣廢立君王在秦國是老戲碼，屢見不鮮。

秦以往者數易君，君臣乖亂，故晉復強，奪秦河西地。

國家內亂不絕，就必然會招來外患。於是繼承晉國精華部分的強鄰魏國，又把黃河以西的地區給奪了回去（但有的學者認為這發生在簡公時期）。三家分晉，原本是歷史賜給秦國的大好良機，結果秦國自己內亂，讓魏國有時間重新強大起來，白白錯失了這個機會。

什麼是人生最大的遺憾？那就是有一天當你心中真正想要的東西，就出現在你的眼前，似乎伸手就可觸及，但你就是得不到它。為什麼呢？因為你沒準備好，你的條件不夠。

想要把握住機會，就必須在平時蓄積自己的實力，把一個個條件都準備好。這樣等上天賜予的機會來臨時，才能緊緊地抓住。機會，永遠只屬於有準備的人。

獻公元年，止從死。

秦獻公在外流浪多年，而他登基後的第一件大事，就是決定廢止以人殉葬的制度，再也不要讓人殉死了。為什麼獻公會作出這個決定呢？我想這應該和繆公有關吧！秦繆公臨死前，作了一個錯誤的決定，造成了秦國十幾世的衰微和內亂，如今獻公終於決定，要改正這個天大的錯誤。

而中國傳統中，特別是儒家，把人命看得比什麼都重要。因此對於獻公「止從死」的命令，史家才會在此大書特書，用來褒揚他的仁德之舉。

二年，城櫟陽。

二十一年，與晉戰於石門。

二十三年，與魏晉戰少梁。

獻公是位極為武勇的君主，他面對強大的魏國，直接將國都遷到東方前線的櫟陽（位於今天陝西省東部），選擇直接面對強敵血戰。

事實上，秦國的前幾任國君都曾對魏國開戰，但都無法奪回河西。尤其是秦惠公時代，根據《吳子》的記載，秦國曾發動數十萬大軍，企圖一口氣奪回河西，結果卻被吳起以士兵五萬、戰車五百輛、騎兵三千擊敗。因此獻公在位期間，雖然屢次取得勝利。但秦國元氣未復，魏國國力卻是遠在秦國之上。因此魏國越戰越強，秦國卻是越戰越弱。

二十四年，獻公卒，子孝公立，年已二十一歲矣。

獻公奮戰了一生，雖然保住秦國不亡，但卻無法從魏國手上取回河西之地。等他死後，秦國迎來了一位足以扭轉秦國命運的偉大君王，他就是秦孝公。秦孝公繼位時才二十一歲，和今天的許多大學生差不多年紀，而他面臨的是一個什麼樣的局面呢？

孝公元年，河山以東強國六，與齊威、楚宣、魏惠、燕悼、韓哀、趙成侯并，淮泗之間小國十餘。……周室微，諸侯力政，爭相併。秦僻在雍州，不與中國諸侯之會盟，夷翟遇之。

當時天下除了秦國之外，還有齊國、楚國、魏國、燕國、韓國、趙國六大強國，這七個國家也就是後來的戰國七雄。而此時在淮河和泗水之間，還有十幾個小國分佈在那裡。

這時候周室早已衰微，諸侯「以力為政」。什麼叫「以力為政」？也就是治政最重要的目的，不是追求國際的和平，不是追求百姓的富裕，而是追求讓自己的軍事力量更加強大。為什麼要追求力量強大？就為了接下來這三個字，「爭相併」。這是一個所有的強國都在虎視眈眈，希望併吞其他國家的時代。要在這個時代活下來，只有讓自己不斷強大下去，直到成為天下最強的國家。

但秦國經歷了幾世內亂，國家元氣大傷，內政、軍事都已衰落，怎麼和別國爭？

內亂還不算糟，秦國當時處在中國最偏僻的西邊角落，所有的國際會議和國際盟約都一概不能參加，根本得不到任何國際上的援助。為什麼呢？因為所有的諸侯都把秦國當成夷狄來看待，認為他們只是蠻族，沒有資格跟這些中原文明國家一起會盟。

外交困境還不算最糟，最糟的是秦國的鄰國正是戰國初年的天下第一強國魏國，魏國此時對秦國片片鯨吞蠶食，必要兼併秦國而後快。

國家連年內亂，內政軍事貧弱，外交孤立無援，強鄰虎視眈眈，在天下的幾個大國之中，秦國可以說是一個最窮、最弱、處境最糟的國家。在這一刻，如果你是秦孝公，請問你該怎麼辦？

其實從歷史來看，辦法有很多種，只看你願不願意選擇。

你可以選擇托庇其他的強國，讓秦國變成強國的附庸國，讓它來保護你的同時，也讓它來主宰你的命運，這是過去陳國、蔡國等所選擇的道路。這樣的道路固然可以一時苟安，但國家的命運就只能看強國的臉色，你的資源將任由強國壓榨，你的人民將被強國送上戰場當作炮灰，請問你願不願意？

你可以選擇像鄭國一樣，自以為可以利用外交機巧，玩弄幾大強國於股掌之上。但強國不是白痴，在人類歷史上，弱國玩弄強國，最終必將引火自焚，請問你願不願意？

你可以選擇繼續醉生夢死下去，反正你秦國「僻在雍州」，誰會管你？只要六國忙著自己「爭相併」，你秦國大可繼續苟安下去，專心追求自己小小的幸福就好。後來秦的子孫二世皇帝胡亥，就選擇了這樣的道路，直到敵人殺到門口才驚慌失措，請問你願不願意？

還有一個方法，秦國不是外交有困境嗎？那你可以花大錢去收買那十幾個小國，讓它們和你建立邦交，這樣國際能見度不就提高了嗎？秦國不就突破外交困境了嗎？你覺得這個方法怎麼樣？請問你願不願意？

國際社會是最現實的，永遠是被強國所操縱的。小國再多，也不可能違逆大國的意志。你沒有足夠強大的力量，人家為什麼要正視你？你沒有利用的價值，別的國家為什麼要幫你？難道有一天魏國大軍兵臨城下時，淮泗的十幾個小國能來救你嗎？沒有強大的實力，所有的機巧終歸泡影。

那麼秦孝公會怎麼選擇呢？他選擇了一個最笨的也是最好的方法，那就是「自強」！秦人始終相信，只有自強才是拯救自己最好的方法！

自己沒有力量，一心只想依賴別人，該做的事情不做，該改的問題不改，局勢就能轉危為安嗎？不想辦法讓自己更加強大，而天天想著只要和哪個強國關係好，靠它保護我們，我們就可以安然無恙，天下有這麼好的事情嗎？強國出賣弱國，強國欺騙弱國，這種事在歷史上還少了嗎？國家沒有永遠的朋友，沒有永遠的敵人，只有永遠的利益。不論要和別人競爭或合作，沒有實力都不可能。要別人平等看待你，就看你能不能自強。

各位看到這裡可能會說，說了半天不就是自強嗎？這樣的道理很簡單，我早就懂了，真是老生常談。

嗯，有這樣的自信是好事。如果真的懂了，那我想請教各位，如果你想要自強，想要真正改變自己，第一步應該從何開始？

蓋上書，不要偷看我的答案，否則不過就只是自欺而已。請認真地想，等確定想出或想不出答案後，再往下讀。

每個人都有夢想，但夢想有理想跟妄想之分，它們的差別在哪裡呢？如果你不但有一個目標，而且你還知道該如何一步一步地去完成那個目標，知道第一步該怎麼做，下一步又該怎麼做，有步驟有計畫地離目標越來越近，這就叫作理想。如果你只有目標，可是完全不知道第一步該怎麼做，也不知道要如何一步步達到這個目標，就只是每天坐著空想如果那個東西給我該有多好，那就叫作妄想。

登高必自卑，行遠必自邇，人懷抱的究竟是理想還是妄想，從他的第一步怎麼做就可以清楚地知道。

自強的第一步是什麼呢？從歷史來看，自強的第一步就是「不自欺」。

你想要自強，讓自己一天比一天更加強大，當然就得改變你自己。想要改變自己，就必須先正視自己，知道自己的優點和長處在哪裡，缺點和短處在哪裡。這樣才能知道，自己要往哪個方向發展才能事半功倍，自己又有哪些毛病非得改變不可。

正視自己的缺點，矯正自己的毛病，是一種極為痛苦的事。曾子每日三省吾身一輩子，到臨死前才說了真話：「戰戰兢兢，如臨深淵，如履薄冰。而今而後，吾知免夫！」但沒有這樣的苦，成就不了曾子這個人。

如果不這麼做，你永遠改變不了你自己。人最可怕的事就是自欺，秦始皇就是被自欺害了他一輩子，秦二世也被自欺害了他一輩子。孔子說：「困而不學，斯為下矣。」一個人如果到了困窘的時候，還不願意認真學習來改變自己，這種人是最下等的，因為他永遠沒有希望。

遇到環境的不如意，你可以選擇不自欺，這條道路的過程十分痛苦，但結局充滿希望。你也可以選擇自欺，這條道路過程十分快樂，但結局沒有希望。請問，你該如何選擇？

那麼秦孝公是怎麼選擇的呢？我們來看看下面這段記載。

孝公於是布惠，振孤寡，招戰士，明功賞。下令國中曰：「昔我繆公自岐雍之間，修德行武，東平晉亂，以河為界，西霸戎翟，廣地千里，天子致伯，諸侯畢賀，為後世開業，甚光美。會往者厲、躁、簡公、出子之不寧，國家內憂，未遑外事，三晉攻奪我先君河西地，諸侯卑秦、醜莫大焉。獻公即位，鎮撫邊境，徙治櫟陽，且欲東伐，復繆公之故地，修繆公之政令。寡人思念先君之意，常痛於心。賓客群臣有能出奇計強秦者，吾且尊官，與之分土。」

「布惠，振孤寡，招戰士，明功賞」都是做實事，也是對國內施予恩德，用來凝聚人心，但這樣是不夠的。更重要是秦孝公下了一道命令，後來的人稱它為「求賢令」。

求賢令的內容是什麼呢？孝公開宗明義先舉出秦繆公的功業來，說他「東平晉亂」、「西霸戎翟」、「天子致伯，諸侯畢賀」，這正是對秦國目前窘境的強烈對照，也是孝公一心想達成的目標。

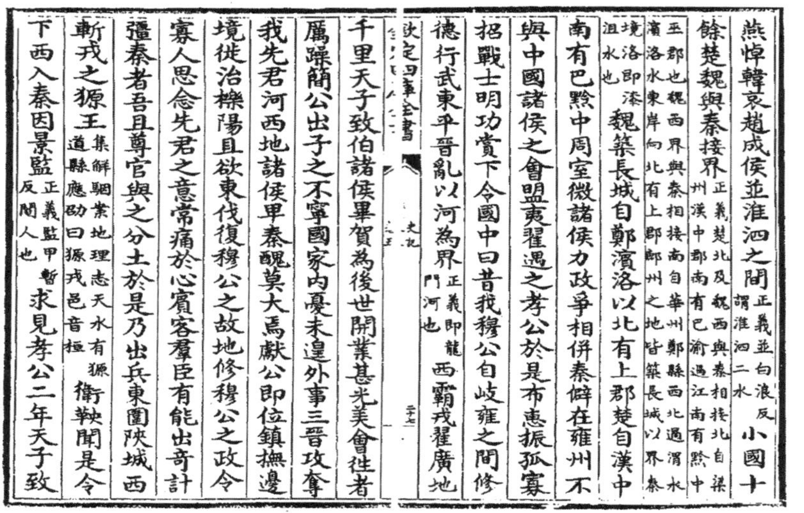
燕悼韓哀趙成侯並淮泗之間正義並白浪反謂淮泗二水小國十
餘楚魏與秦接界正義楚北及魏西與秦相接北自梁州漢中郡南有巴渝過江南有黔中巫郡也魏西界與秦相接南自華州鄭縣西北過渭水濱洛水東岸向北有上郡鄜州之地皆築長城以界秦境洛即漆沮水也魏築長城自鄭濱洛以北有上郡楚自漢中
南有巴黔中周室微諸侯力政爭相併秦僻在雍州不
與中國諸侯之會盟夷翟遇之孝公於是布惠振孤寡
招戰士明功賞下令國中曰昔我穆公自岐雍之間修
德行武東平晉亂以河為界正義即龍門河也西霸戎翟廣地
千里天子致伯諸侯畢賀為後世開業甚光美會往者
厲躁簡公出子之不寧國家內憂未遑外事三晉攻奪
我先君河西地諸侯卑秦醜莫大焉獻公即位鎮撫邊
境徙治櫟陽且欲東伐復穆公之故地修穆公之政令
寡人思念先君之意常痛於心賓客羣臣有能出奇計
彊秦者吾且尊官與之分土於是乃出兵東圍陝城西
斬戎之獂王集解騶業地理志天水有獂道縣應劭曰獂戎邑音桓衛鞅聞是令
下西入秦因景監正義監甲暫反閹人也求見孝公二年天子致

●《史記‧秦本紀》記載秦孝公「求賢令」

「會往者厲、躁、簡公、出子之不寧，國家內憂，未遑外事，三晉攻奪我先君河西地，諸侯卑秦，醜莫大焉」，孝公這段話談的全是秦國最丟臉的事。為什麼會丟掉領土？為什麼所有的諸侯都看不起你秦國？這全部都是秦國自找的，是秦國的先君把國家搞得內憂外患又不圖自強。常人掩過尚且不及，哪有可能把自己祖先的醜事公告天下。而秦孝公居然原原本本地寫在「求賢令」之中，讓天下所有的人都知道。

「認錯」聽起來似乎很簡單，但歷史上絕大多數的統治者，根本做不到這一點。前面說過，即使一個普通人，要當著所有的人面前，承認自己的過錯都已經夠難了。更何況是一個國家的統治者？更何況是要寫在文字上面，對天下人承認自己的過錯？千古以來，能做到這件事情的人實在不多。

每次我閱讀許多世界領袖的傳記，常覺得很感慨。這些人在他們的一生中，都建立了轟轟烈烈的功業，但也常犯下許多巨大的過錯。我往往會想，如果當這些領袖們在臨終的那一刻，肯在遺囑中誠實說一句「我錯了」。這可以帶給後來的年輕人，多麼大的啟發和警惕！

認錯，是所有道德成立的基礎。因為世界上根本沒有完人，如果死不認錯，那所有的道德都只能淪為自欺。我們從小都讀過一句話：「人非聖賢，孰能無過，知過能改」，下面一句接什麼？「善莫大焉」。善、莫、大、焉！

世上沒有比認錯更重要的品德，只有改過才是拯救自己最好的方法。

秦孝公接下來追念自己的父親，獻公畢生為了秦國而奮戰，最後的遺願就是要東伐來恢復繆公的霸業。因此他布告天下，有任何人能夠出「奇計」來使秦國強大，不惜給予他高官厚祿，甚至裂土分封。在古代，裂土分封要比高官厚祿更加難得，因為高官厚祿最多及身而止，但裂土分封卻可以傳之子孫，各位就能想見孝公的賞格有多麼高。君子謝人以質，小人謝人以文，如果只是靠嘴上說說，而不肯拿出實質的東西來，誰會幫你出死力？

而這段話中，最值得注意的就是「奇計」二字。各位可能會想為什麼非要「奇計」不可？難道正常的辦法就不能強秦嗎？正常的辦法，當然也可以強秦。問題是正常的辦法你會用，別人也會用，你的國家在進步，別人的國家也都在進步。如果你的國家已經是窮國、弱國，用正常的辦法如何趕上別人？沒有「奇計」如何超越別人？

孝公頒布這道「求賢令」，結果是什麼呢？

衛鞅聞是令下，西入秦。

結果衛鞅來了。衛鞅是誰？他又叫公孫鞅，另外還有一個後人熟知的姓名叫商鞅。這個人不但改變了秦國的命運，也改變了天下的命運，甚至於影響了中國的歷史，這是一個非常非常重要的人。

等等，一個人為什麼會有這麼多的姓？其實衛、公孫和商都不是他的姓，而是他的氏。先秦時代，姓是代表你的血緣從何而來，祖先和血緣不變，姓就不變。但同一個姓下會分為很多的氏，氏則是隨著環境分化、變動。商鞅原本是衛國的公族，所以最早叫他衛鞅、公孫鞅，後來他在秦國功勞很大，秦國把商這個地方封給他，他就以封地為氏，所以改叫商鞅。其實衛國公室姓姬，所以商鞅當然姓姬，衛、公孫和商都只是他的氏，姬才是他的姓。

衛鞅原本是衛國人，後來他到了天下第一強國的魏國，在魏國的宰相身邊做個侍從小官，宰相非常地欣賞他。後來宰相生了重病，魏王前來探病，問宰相說：「如果你不幸死了，你覺得誰能繼任你做宰相呢？」宰相回答魏王：「我身邊有一個人叫衛鞅，這個人年紀雖輕卻有奇才，讓他來繼任我做宰相，希望王上把全國國政都交給他。」

魏王聽了以後，一句話也不說。為什麼呢？因為他心中深深不以為然。他希望宰相推薦的是一個德高望重、資歷深厚的人，不然至少要有具體的政績和事業，是能夠讓大家滿意的人。結果宰相竟然推薦你身邊的一個根本還沒有什麼成就的年輕人，叫他怎麼用？

宰相看到魏王的反應，知道他心中的想法。於是宰相立刻摒退左右，然後對魏王說：「如果你不能用衛鞅，那就馬上殺了他，絕不能讓他離開魏國。」魏王聽了之後滿口答應，轉頭就走。宰相立刻把衛鞅找過來，對他說：「我建議魏王用你做宰相，魏王不聽，我接著建議魏王殺了你，他答應了，你趕快逃走吧，不然就要被抓住了。」

為什麼宰相要建議魏王殺了衛鞅？因為這樣的奇才，一旦為敵國所用，就會是魏國的災難。他既然要殺衛鞅，為何又勸衛鞅逃走？現代人可能不明白，但這是古代的文化傳統。宰相前面對魏王講的話是為國家盡公心，後面對衛鞅講的話是對個人盡私義。如果他不對魏王提出建議，就是對國家不忠；可是如果他不勸衛鞅逃走，那就是出賣信任他的衛鞅，就是不義。身為君子，公私必須分明；身為宰相，必須先公後私，所以他先勸魏王殺，再勸衛鞅逃。忠義不能兩全，這是他不得已的做法，至於衛鞅能不能逃生，那是天意。

衛鞅聽到宰相這麼說，他逃了沒有呢？他沒有逃。衛鞅說：「不必擔心，魏王既然沒有聽你的話用我，那就不會聽你的話殺我。」衛鞅的預測果然正確，魏王沒有拿他怎麼樣。因為魏王出門後就對左右說：「宰相病成這樣，真令人悲哀啊！居然要我把全國國政都交給公孫鞅，實在是太荒謬了！」言下之意，就是宰相病糊塗了，說的都是糊塗話！

可是即使魏王沒有拿他怎麼樣，衛鞅也知道，他在魏國已經很難有大的發展了，最後只好離開魏國。因為魏王既然認定宰相的話錯了，以後就不可能再給衛鞅能夠出頭的機會，讓他發揮所長。君王永遠是正確的，錯的只能是宰相和衛鞅，不是嗎？

以前在課本中讀到商鞅入秦變法，大家都很熟知這個故事，似乎一切都理所當然。在這裡，我要再請教各位一個問題。

衛鞅決定離開天下第一強國的魏國，是因為魏國不能用他。但此時天下還有很多國家可以去，以衛鞅的才華，就算在齊國、楚國都不難受到重用。為什麼他哪個國家都不去，卻決定到西邊那個最窮、最弱、最沒有希望的秦國去呢？

衛鞅為什麼要去秦國？用現代人的觀念來比喻，如果你是舉世最好的國際法和政治學專家，就算美國不用你，你也可以去歐洲、去中國、去日本、去澳洲，一樣可以享受榮華富貴，又何必要往非洲跑呢？

可能的原因有很多，每個人都有智慧，都不難想出好的答案。在這裡，我只提供太史公的答案給各位做個參考，那就是「衛鞅聞是令下，西入秦」。

真正打動衛鞅之心讓他決定入秦的，正是孝公這道求賢令！

真正的人才，其實想要的只是一個出頭的機會，一個能夠讓他發揮長才的舞台而已。但這樣的舞台，需要有一個真心想用人才的領導者才能給他。

只有真正想要自強的國君，才能重用一個外國來的年輕人，才能重用一個沒有關係、沒有背景，可是能幫助他的國家真正強大的人。但我們要如何判斷，哪個領導者是真心想要自強的呢？如果你去問每個領導者，他都一定會告訴你，他真的想自強。難道會有領導者跟你說，我不想要自強，只想混日子，組織一天天衰落也沒關係嗎？但是「自強」二字，說很容易，做到很難。

自強的第一步就是「不自欺」，當時天下的國君中，只有秦孝公能做到不自欺。怎麼知道？從這道不怕自揭秦國醜事的求賢令，就可以知道他求變之心。所以衛鞅才覺得秦國有希望，秦國是真心想要自強。

「不強人，便是恕。不自恕，便是強。」歷史告訴我們，只有不自欺自恕的領導者，才能真正聚集起自強強國的人才。而自欺自恕的領導者，身邊終究只能聚集一群同樣自欺欺人的奴才而已。

第八章——你，要選擇什麼樣的道路？

衛鞅入秦之後，並不是一次見面就成功受到重用。《史記・商君列傳》中，記載了他求見秦孝公的坎坷經過。

孝公既見衛鞅，語事良久，孝公時時睡，弗聽。罷而孝公怒景監曰：「子之客妄人耳，安足用邪！」景監以讓衛鞅。衛鞅曰：「吾說公以帝道，其志不開悟矣。」

衛鞅第一次見孝公，跟他談了很久很久，結果孝公聽得昏昏欲睡。君臣第一次相遇，結果是這樣的畫面，實在有趣。孝公根本不覺得衛鞅是什麼人才，所以回頭就對介紹人景監大發脾氣說：「你這個門客根本就是一個胡言妄語之人，這種人有什麼地方值得用？」孝公罵景監，景監就罵衛鞅。結果衛鞅

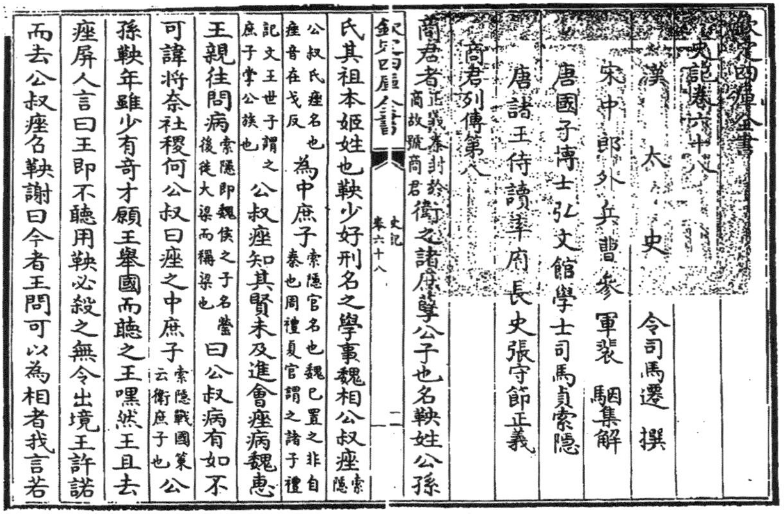
欽定四庫全書
史記卷六十八
漢　太　史　令司馬遷　撰
宋中郎外兵曹參軍裴　駰集解
唐國子博士弘文館學士司馬貞索隱
唐諸王侍讀率府長史張守節正義
商君列傳第八
商君者（正義：秦封於商故號商君）衛之諸庶孼公子也名鞅姓公孫

欽定四庫全書　史記　卷六十八　二

氏其祖本姬姓也鞅少好刑名之學事魏相公叔痤（索隱：公叔氏痤名也痤音在戈反）為中庶子（索隱：官名也魏已置之非自秦也周禮夏官謂之諸子禮記文王世子謂之庶子掌公族也）公叔痤知其賢未及進會痤病魏惠王親往問病（索隱：即魏侯之子名罃後徙大梁而稱梁也）曰公叔病有如不可諱將柰社稷何公叔曰痤之中庶子（索隱：戰國策云衛庶子也）公孫鞅年雖少有奇才願王舉國而聽之王嘿然王且去痤屏人言曰王即不聽用鞅必殺之無令出境王許諾而去公叔痤名鞅謝曰今者王問可以為相者我言若

《史記·商君列傳》

說：「我用帝道來說服國君，看來他不感興趣。」

後五日，復求見鞅。鞅復見孝公，益愈，然而未中旨。罷而孝公復讓景監，景監亦讓鞅。鞅曰：「吾說公以王道而未入也。請復見鞅。」

五天以後，景監又想辦法讓衛鞅見到孝公。衛鞅第二次見孝公，孝公對他的話比上次感興趣了一些，但仍沒有說中孝公的心意。回頭孝公又罵景監，景監又罵衛鞅。衛鞅說：「我這一次是用王道來說服國君，還是沒有打動他，請再讓我見一次國君吧！」

鞅復見孝公，孝公善之而未用也。罷而去，孝公謂景監曰：「汝客善，可與語矣。」鞅曰：「吾說公以霸道，其意欲用之矣。誠復見我，我知之矣。」

這一次衛鞅見孝公，孝公覺得他說得很好，不過還是沒有用他。等衛鞅走了以後，孝公對景監說：「你的門客很不錯，我可以跟他好好聊聊。」景監轉告衛鞅，衛鞅就說：「我這一次是用霸道來說服國君，看得出他已經心動想要用我。請讓我再見一次國君，我已經知道他心中在想什麼了！」

衛鞅復見孝公。公與語，不自知膝之前於席也。語數日不厭。景監曰：「子何以中吾君？吾君之驩甚也。」鞅曰：「吾說君以帝王之道比三代，而君曰：『久遠，吾不能待。且賢君者，各及其身顯名天下，安能邑邑待數十百年以成帝王乎？』故吾以強國之術說君，君大說之耳。然亦難以比德於殷周矣。」

這一次衛鞅見到孝公，孝公與他相談甚歡，連自己的雙膝都會不知不覺地往前移動。為什麼呢？因為上古時代還沒有椅子，當時的中國人都是跪坐在席上，孝公對衛鞅這次說的話極感興趣，惟恐聽不清楚，所以兩膝不自覺地前行，越來越靠近衛鞅。兩人足足談了好幾天，孝公一點都不厭煩。

景監十分意外問衛鞅：「你說了什麼能這樣切中國君的心意？我們的國君居然能歡喜成這個樣子。」衛鞅回答：「我以前用帝道和王道來說服國君，國君說：『帝道和王道都太久遠了，我等不及了。賢君是要在活著的時候就能成就聲名於天下，哪裡能抑鬱地等待數十百年再來成就帝王事業呢？』所以這一次我用強國之術來說服國君，國君非常非常高興。可惜啊！選擇這樣的道路，將來就無法像殷、周一樣國祚長久了。」

從兩人的四次會面來看，「帝道」、「王道」、「霸道」都不是孝公想要的。只有「強國之術」，也就是《荀子》中所說的「強道」，才是孝公真正想要的東西。

看了這一段，就會產生兩個問題。

第一個問題，什麼是「帝道」、「王道」、「霸道」、「強道」？

在中國傳統文化中，政治之道分為很多層次。什麼叫作「帝道」？所謂的「帝道」就是公天下之道，統治者不以私人私心來治理天下，這也就是孔子所說的「大道之行也，天下為公」。具體來說，傳說中的堯舜實行的就是帝道，所以他們都把天子之位主動禪讓出去。問題是，誰能沒有私心？誰又能甘心為人作嫁？無怪乎秦孝公不願選擇這樣的道路。

什麼叫「王道」？「帝道」和「王道」都是行仁義之道，講究以德服人。但兩者的分別在於，「帝道」公天下，所以堯和舜是禪讓；而「王道」家天下，夏、殷、周三代則傳之於自己的子孫。過去的中國人相信，既然「王道」是以德服人，就需要像殷湯、周文王一樣積德行善數十百年，而後天下諸侯歸心，方能取代前朝。秦孝公覺得這樣實在太慢，秦國危機近在眉睫，所以他也不選這一條道路。

什麼叫「霸道」？「霸道」是「假仁義以行」之道。什麼叫作「假仁義以行」？假就是借，他其實事事為了自己的好處打算，不過一定會拿「仁義」來做為冠冕堂皇的藉口，這就叫假仁義以行。這樣的國家為政或出兵，必要有一個冠冕堂皇的理由，沒有大義名分他是不會做的。所以霸主們雖然仍是自私自利，但有時能夠以理服之，原因就在這裡。

什麼叫「強道」呢？「霸道」和「強道」的本質都是以力服人，但「強道」連仁義的幌子都不要。我要進攻就進攻，我要掠奪就掠奪，只要對自己有好處，什麼都可以做，不需要任何藉口。在這種人的心中，只要能讓自己更強大，什麼仁義道德都是假的。而秦孝公和商鞅最終選擇了這條道路，因為它見效最快。

是啊，用仁義道德來說服人，哪裡能比得上直接拿拳頭來威脅人更快呢？「帝道」、「王道」、「霸道」不管是真的假的，多多少少要收買人心。人心難測，花費時間實在太長，只有「強道」見效最快，往往能在當世中就看到成功。問題是，「強道」要付出什麼樣的代價？

第二個問題，衛鞅到秦國來，不就是想被秦孝公重用嗎？為什麼衛鞅不一開始就痛痛快快地把「強國之術」說出來呢？前面幹嘛花這麼多時間說「帝道」、「王道」、「霸道」？萬一弄得孝公不高興，以後不再見他，那衛鞅前面所做的努力不是都成泡影了嗎？

各位要知道，在戰國時代，君臣之間的關係和後來很不一樣。當時因為天下有許多國家，有才之人可以自由選擇老闆。所以不但君要擇臣，臣也要擇君。用現代的話說，衛鞅是來找合作夥伴的，不是來要飯的。

秦孝公固然想知道衛鞅是不是人才，衛鞅也想知道秦孝公是不是明主，是不是值得他信任，是不是能讓他一展抱負。用什麼辦法可以瞭解對方呢？那就是試探。衛鞅的「強國之術」，在當時是驚世駭俗的做法，他要徹底推倒一切舊制度，來建立一個新的時代。所以衛鞅反覆地試探秦孝公，想要知道他是不是真有堅定的變法決心？是不是真的為了追求強大，可以不顧一切道德仁義？

只要孝公還有一點顧忌，只要孝公還有一點虛偽，那就不是他最好的合作夥伴，衛鞅就只能再找其他的國家合作。結果在反覆試探之後，這對君臣終於確定他們彼此是最好的拍檔。只要他們合作，秦國就能改變自己的命運。

> 三年，衛鞅說孝公變法修刑，內務耕稼，外勸戰死之賞罰，孝公善之。甘龍、杜摯等弗然，相與爭之。卒用鞅法，百姓苦之；居三年，百姓便之。

衛鞅用什麼方法，來使秦國強大呢？說穿了，就是《商君書》中所說的

「利出一孔」。什麼是「利出一孔」？在法家來看，天下人所作所為不過就是為了得利，因此只要把其他能夠得利的孔道全部堵死，只留下一個能夠得利的孔道，也就是國家想要人民去做的事情，這樣所有的人都會爭先恐後地去從事它，而且會越做越好。

衛鞅怎樣做到這一點呢？很簡單，衛鞅在秦國重新劃分了各級軍功爵位。他規定一個人所能擁有的土地、房屋、奴隸還有生活享受，全部由爵位決定。即使你家財萬貫，但沒有爵位，就不能住大房屋、穿好衣服，也不能擁有大量的土地和奴隸。只要有了爵位，這些國家都會給你。更狠的是，即使你父祖都是宗室貴族，只要沒有軍功，你就不能名列宗譜之中，自然也就不能繼承父祖的地位。

但想要得到爵位，就只能拿軍功來換，說得更簡單一點，就是拿敵人的首級來換。所以在秦國，想要榮華富貴只有一個辦法，那就是「上戰場」！所以這個方法一出現，馬上讓秦國人人奮勇赴戰。

試想，倘若你是六國的軍隊，在戰場上面對秦軍，卻看見對面的秦人，個個的眼光都盯著你的腦袋不放，嘴角露出熱情的微笑，你心中怎能不發毛？

因為秦人心中想的是，這個腦袋可以換田地，那個腦袋可以換大屋，再一個腦袋就能讓他娶上老婆。別國人視上戰場為送死，秦人卻視上戰場為晉爵發財的坦途，怎麼能不變成天下最勇猛的軍隊？

但天下有一得，則必有一失。衛鞅的辦法對孝公好，對上戰場的戰士好，但是對原本的既得利益者，也就是貴族們實在是一點都不好。這些既得利益者，本來什麼都不用做，就能安享一生的榮華富貴。現在衛鞅把他們原有的財富、地位、權力全部奪走，分給敢上戰場為國家戰鬥的勇士們，他們怎麼能不對衛鞅恨之入骨？因此反對衛鞅最為激烈的，就是以甘龍、杜摯為首的秦國本土貴族們。

施行衛鞅新法後，一開始百姓都覺得很痛苦，因為有種種新的規定要強制他們遵守，例如衛鞅要求民眾必須互相檢舉不法的行為，檢舉者受重賞，隱匿者必須連坐。又為了增加農業人口，規定從事工商業而貧窮者，全家都要淪為奴婢，可是努力耕織就能免去賦役。百姓從來沒有聽過這樣的法律，實在是太不適應了。

可是等排除萬難，堅持變法三年之後，百姓對衛鞅的新法人人稱便。為什麼呢？因為百姓們得到實際的好處了。因為這套軍功爵制而獲利最大者，正是平民階層。世上沒有什麼東西，會比實際的利益更能打動老百姓。如果沒有實際的利益，統治者只會一天到晚談空道理，是半點用都沒有的。

衛鞅變法之後，真的讓秦國強大了嗎？從下面的史事，各位就可以清楚地看到結果。

七年，與魏惠王會杜平。

八年，與魏戰元里，有功。

十年，衛鞅為大良造，將兵圍魏安邑，降之。

秦孝公三年開始變法，七年就在杜這個地方和魏國訂立了和平協定。各位還記不記得，魏國是戰國初年的天下第一強國，當時秦國根本不是對手，連河西都被魏國占領而拿不回來。而如今秦國居然能和魏國談和，可見實力已讓敵國不得不正視。

八年，秦魏就撕毀了和平協定，兩國再次大戰。但這次卻是秦國佔了上

咸陽宮遺址土台（位於今陝西省西咸新區秦漢新城），中間淺色部分為宮殿中唯一一根巨柱遺痕，有學者推測即為荊軻刺秦王時繞行之殿柱。

風，根據〈魏世家〉的記載，秦國還奪取了魏國的城池。

十年，秦孝公任命衛鞅為全國最高軍政長官，主持對魏國的戰事。秦軍勢如破竹，最後包圍了魏國的首都安邑，安邑宣告投降。能夠讓魏國低頭承認戰敗，這是秦國的輝煌勝利。秦國前後花了不到十年，就打敗了它最強大的敵人。

十二年，作為咸陽，筑冀闕，秦徙都之。

十九年，天子致伯。

二十年，諸侯畢賀。

十二年，秦國營造了新都咸陽，並建築宏偉的宮廷門闕。咸陽乃是關中平原的中心，從這一年遷都開始，此後一百多年都是秦國的首都，秦國藉此牢固的掌握關中地區，成為真正的帝王基業。

變法的功績還不只如此，「十九年，天子致伯。二十年，諸侯畢賀」。各位還記不記得秦孝公在求賢令裡說過，他一心嚮往的就是繆公時「天子致伯，諸侯畢賀」的榮耀。而變法到現在不到二十年，衛鞅就幫他完成了這個目標。

十年就能打敗你最強大的敵人，二十年就能達到你追求的目標。歷史告訴我們，自強是天底下最笨的方法，也是天底下最好的辦法。如果你不求自強，只想玩弄小聰明、小技巧，真正的成功永遠不會到你身上。往往你自以為抄了捷徑，其實卻只是走了一條更加漫長的道路。只要你真心要自強，成功永遠來得比你想像的更快，秦國就是一個最好的例子。

二十一年，齊敗魏馬陵。

這一年，魏國進攻趙國，趙國向齊國求救，齊國決定出兵救趙。魏國聞訊，發動全國軍隊與齊國決戰。結果齊軍大勝，魏軍慘敗，統帥太子申被擄，大將龐涓被殺。魏國本來是戰國初年第一強國，至此元氣大傷，國際局勢從此進入了一個新的局面，魏國再也不能構成秦國的威脅。

二十二年，衛鞅擊魏，虜魏公子卬。封鞅為列侯，號商君。

就在魏國慘敗後的第二年，秦國再次大舉進攻魏國。衛鞅率領秦軍打敗了魏軍，還抓住了魏軍大將公子卬。怎麼抓住的呢？衛鞅和公子卬是老相識，因此以約定兩國盟好為理由，欺騙公子卬前來會面。等公子卬一來，衛鞅就立刻派甲士抓住他，然後進攻沒有主帥的魏軍，就此獲得大勝，這就是「強道」的做法。

為了獎勵衛鞅的大功，秦孝公「吾且尊官，與之分土」，讓他成為秦國的商君。變法二十年，衛鞅答應秦孝公的事辦到了，秦孝公答應衛鞅的事也辦到了。終孝公與商鞅一生，君不負臣，臣不負君，有恩有義，有始有終。

但如果有一天孝公不在了，商鞅又會如何呢？

二十四年，孝公卒，子惠文君立。是歲，誅衛鞅。

兩年之後，秦孝公薨逝，他的兒子惠文君繼位，立刻就把衛鞅給殺了。為什麼呢？為了平息自己和秦國本土貴族們的憤恨。

鞅之初為秦施法，法不行，太子犯禁。

衛鞅一開始施行新法，老百姓都有疑懼，不知道政府是不是玩真的。而貴族們根本不把新法當一回事，因為在貴族的心中，法律是用來規範平民老百姓的，不是用來規範他們的。這時發生了一件大事，竟然連太子也犯了法，試問衛鞅處罰還是不處罰？

面對這樣的情況，新法根本不能推行，請問如果你是衛鞅，你該怎麼辦？

太子是國君的親生兒子，你和秦孝公再親、再近，能親近得過他的親生兒子嗎？如果你處罰了太子，國君會怎麼想？而且貴族內部縱使可能不合，但面對膽敢挑戰貴族的外人卻是一體的，如果你膽敢處罰太子，就等於開罪了所有的既得利益者，你有這樣的勇氣嗎？

但如果你今天不敢處罰太子，新法才剛剛推行，國內有多少貴族都在等著看好戲，明天還有誰會把新法放在眼裡？變法是你發動的，如今你又不敢真的執行，國君又會怎麼想？

鞅曰：「法之不行，自於貴戚。君必欲行法，先於太子。太子不可黥，黥其傅師。」於是法大用，秦人治。

這時衛鞅對孝公說：「法令之所以不能實行，就是因為貴族們不守法。如果君上真的決心變法，就請先從太子開始處刑吧！太子是未來的國君，不能依法在他的臉上刺青，那就讓太子的老師來替代。」

太子當時犯的法，需要接受黥面的刑罰，也就是在臉上刺青。但太子是未來的國君，國君的身體不能有傷殘，那該怎麼辦？於是商鞅建議由太子的老師們，來代替太子受刑（各位看，當老師的還真夠倒楣）。但即使如此，人人都將知道是太子犯法，這對太子將是巨大的羞辱。

天下的事情，沒有不需要付出代價的。到這一刻，秦孝公面對他人生的巨大考驗。衛鞅等於是在質問他，是不是真的想實行新法？如果孝公不能堅持下去，那麼變法事業就到這裡為止，不可能再往前走了。

因此孝公決定堅持變法，他先從自己的親生兒子，也就是這個國家的太子開始犧牲。但如此一來，老百姓就發現連太子犯法都不能夠沒事，於是太子以下，人人就不敢不守法。變法因此成功，秦國從此國富兵強，

在此我想問各位一個問題，秦國因商鞅變法而強，最後消滅了所有的國家。但商鞅的辦法到了後來又不是什麼秘密，為什麼六國不學秦法，而要眼看著局面越來越糟？

原因很簡單，正如衛鞅所說「法之不行，自於貴戚」，貴族們從來也不覺得他們應該守法，在六國和秦國都是一樣的。可是六國不敢對付既得利益者，而孝公和商鞅敢。如果在當年那一刻，孝公和商鞅退卻了，那麼秦國也就會淪為像六國一樣的命運，如此而已。

商鞅藉由太子犯法這件事，替新法樹立了威嚴，此後沒有貴族敢犯法。但是，太子會忘了這個怨恨嗎？太子的老師們會忘了這個怨恨嗎？貴族們會忘

了這個怨恨嗎？前面二十幾年因為有孝公在，他們只好隱忍，現在秦孝公已經死了，還有誰護得住你商鞅？

及孝公卒，太子立，宗室多怨鞅，鞅亡，因以為反，而卒車裂以徇秦國。

其實商鞅在孝公死後，他也知道大事不妙，立刻準備逃跑。可是他訂立的法律實在太嚴密了，各國又懼怕得罪秦國，最後連他自己也跑不掉。他只好返回封地發動部屬準備抵抗，結果他改革的秦國實在太強大了，一下就平定他的叛亂。最後商鞅死得極為悽慘，被處了「車裂」之刑，也就是民間俗稱的「五馬分屍」。

請問各位，商鞅有本事能讓秦國從窮國、弱國變成天下第一強國，這是多麼有才智的人。為什麼這樣有才智的人，最後竟然會讓自己落得這樣死無全屍的下場？

其實當孝公在位時，貴族們就欲除商鞅而後快。《史記・商君列傳》記載了這樣一段故事：

商君相秦十年，宗室貴戚多怨望者。趙良見商君。……商君曰：「……子觀我治秦也，孰與五羖大夫賢？」

趙良是一位讀書人，有一次商鞅問他：「我的治國比起百里傒，誰更賢能？」社會經驗豐富的朋友們，如果聽到上位者這麼說，大概都可以猜得出來，他的言下之意當然是自以為更賢能，希望從你的口中得到肯定。

可是趙良怎麼說呢？他舉了實際的例子，讓商鞅啞口無言。

趙良曰：「……五羖大夫之相秦也，勞不坐乘，暑不張蓋，行於國中，不從車乘，不操干戈，功名藏於府庫，德行施於後世。五羖大夫死，秦國男女流涕，童子不歌謠，舂者不相杵。此五羖大夫之德也。……君之出也，後車十數，從車載甲，多力而駢脅者為驂乘，持矛而操闟戟者旁車而趨。此一物不具，君固不出。《書》曰：『恃德者昌，恃力者亡。』君之危若朝露，尚將欲延年益壽乎？……」

趙良說：「當年百里傒擔任秦國宰相時，出門不用車馬，四周不用護衛，他的政績歷歷在目。當他死的時候，秦國不分男女，人人痛哭流涕，小孩悲傷得不願唱歌，舂穀的人難過得發不出號子聲，都是因為感念百里傒的恩德。

可是如今閣下出門，如果不攜帶眾多強壯的護衛，如果左右沒有武裝士兵保護你，你就不敢出門。《尚書》說：『恃德者昌，恃力者亡。』你就像清晨的露水一樣危險，還想要長保平安嗎？」

商鞅為何要這麼多人保護才敢出門？不就是積怨太多，擔心有人想刺殺他嗎？從趙良的話，各位就可以看出商鞅和百里傒為政的不同，以及在秦人心中的地位高下了。商鞅自以為功蓋秦國，為何最後卻落得這樣的下場？因為他所提倡的「強道」，本質就是「以力服人」，不管對內對外都是如此。

在中國文化中，做事可分為幾種境界。中等人是「以智服人」，用智謀達到目的，久了之後容易使人心生防備。當有朝一日，別人看到你就會多方提防時，你的路就會越走越窄，所以這只能算中等人的做法。

上等人則是「以德服人」，堂皇正大，光明磊落，如同百里傒一樣，每件事都讓人得到好處，讓人感念你的為人。這種方法見效雖慢，卻是後遺症最低的做法，而且做事不怕人知，人家知道只有更佩服你，所以列為上等人的做法。

其實「以德服人」，不過是儒家的最高境界。但在道家來看，還有更高的境界。一個人做事能夠不顯山、不露水，不以人力強為，出手總在自然最關鍵處，是以費力最小而成功最大。他所做的事就算擺給你看，你也未必看得懂，有如黃石公之遇張良，這是超等人物的做法。

那麼下等人又是如何做事呢？下等人是「以力服人」，「以力服人」見效最快，但會在他人心中累積怨恨。有朝一日等你力量衰落了，他人必會報復，全天下都將會是你的敵人。所以商鞅的命運，從他一開始所選擇的道路，從周圍的人如何看他，其實就已經決定了。

不過各位不必擔心，商鞅死歸死，新任的秦惠文君還是繼續用商鞅的新法在統治秦國。等等，這又是為什麼？惠文君不是恨透了商鞅嗎？

如果各位有這樣的問題，那就太不了解什麼是政治人物了。一般人會在乎事情的好惡對錯，學者會在乎事情的真假是非，但政治人物只會在乎一點，那就是這件事物「能否為我所用」。惠文君可以怨恨商鞅，也可以殺了商鞅，但他會繼續用商鞅的新法。因為他比誰都明白，商鞅這套辦法對國君最有利。

這就解答了另一個問題，為什麼當商鞅遭遇危機時，秦國的新軍功階層沒有起來幫助商鞅呢？因為只要新法不變，他們的利益就不變，既然利益不變，誰會賭上身家性命去幫助商鞅？

政治，原本就是這世上最無情的事物，沒有之一。

更何況，法家的核心理念是維護君權、強化君主專制，他們只主張「王子犯法與庶民同罪」，他們可從沒說過「君王犯法與庶民同罪」。現在是國君要對付商鞅，守法的秦國人當然會站在國君這一邊，又有什麼好說的？至於私人的恩情，法家最想消滅的不就是這種東西嗎？

我想商鞅你一定覺得不甘心吧？一定覺得你為秦國做了這麼多，秦國人怎能如此無情呢？可是當你教育他們，只要遵守法律就好，在法律之下什麼人情都不必考慮的時候，他們有這樣的反應，不是很自然的事嗎？這一切不就是商鞅你自己一手造成的嗎？

商鞅雖然被處死了，秦國仍將發揚他的精神，不斷奉行「強道」的精神。但在秦國統一天下的道路上，除了商鞅之外，還有兩個舉足輕重的人物，接下來等著出場。

十年，張儀相秦，魏納上郡十五縣。

商鞅之後，第二位影響秦國命運的人物就是張儀。

商鞅不是秦國人，而張儀也不是秦國人。按《史記》的記載，張儀是魏國人，他所學是遊說諸侯之術，按現在的說法就是外交和談判專家。學成之後，張儀本來想選擇出仕的國家，是南方老牌大國的楚國。他去了楚國，也好不容易攀上了楚國宰相的門路。結果在一次宴會裡，楚國宰相丟了一件玉璧，找不到是誰偷的，大家居然都懷疑張儀。為什麼呢？因為張儀最貧窮。

誰說貧窮的人就一定會偷東西？這太沒道理了吧！問題是，誰會懷疑有錢有勢的人呢？誰又敢懷疑有錢有勢的人呢？就算冤枉了貧窮的人，他又能拿大家怎麼樣呢？

所以張儀就被抓了起來嚴刑拷打，但不管怎麼打，張儀始終不肯承認，最後只好把他放了。張儀的妻子看到丈夫落得如此下場，感嘆地說：「如果你不去讀書學遊說，怎麼會落得這樣的羞辱呢？」張儀反問他的妻子：「妳看看我的舌頭還在嗎？」妻子笑著說：「當然在啊！」（廢話，不然張儀現在是怎麼說話的？腹語嗎？）張儀說：「在，就夠了！」

因此張儀最後做出了和商鞅一樣的決定，他要悍然進入虎狼之秦。不要忘了，前面商鞅為秦國奉獻一生，最後落得死無全屍的下場。殷鑑不遠，六國人看了，誰還敢入秦？而此時張儀就敢去秦國遊說求官，真是「殺頭生意有人幹」，

張儀像

為了前途連命都敢賭下去。

我每次讀到這一段都會想，商鞅和張儀這兩個人，一個是當宰相勸他逃命時，悍然把性命押在自己的判斷上，竟然不肯馬上逃走；另一個是處於人生的絕境時，能夠絕對相信自己，終有一天以三寸不爛之舌能使天翻地覆。這兩個人都是狠人，對別人狠，對自己也狠。

結果張儀入秦後，受到惠文君的賞識，很快便被重用。惠文君十年，他大膽任用張儀為相，君臣倆準備展開侵略中原的大計畫。張儀和商鞅的手段不同，商鞅雖然讓秦國強大起來，但卻使東方六國對秦國產生戒懼之心。如果六國因此聯合抗秦，那麼秦國仍然不是對手。所以張儀希望利用外交手段來分化六國，拉攏親秦的國家來對付抗秦的國家，這樣秦國的東進將會事半功倍。

張儀為什麼能當上秦國的宰相？除了他的才華之外，還因為他送給了秦國一份大禮。這一年，秦君派公子華和張儀率軍去圍困魏國的蒲陽，結果蒲陽被迫投降。這時張儀居然勸秦王將蒲陽還給魏國，還主動派公子繇到魏國做人質，接著張儀勸魏王說：「秦國是戰勝國，還能對魏國這麼好，魏國難道要對秦國無禮嗎？」

面對戰勝的強秦，魏王還能怎麼辦？於是魏王只好回禮，將鄰近秦地的上郡十五縣都送給了秦國。為什麼魏王不敢不回禮？因為秦強而魏弱，魏國不敢得罪秦國。但這樣一來，秦國不但得到了好處，魏國還從此被懷疑是親秦的一方，張儀達成了讓六國間產生不信任感的目的。

十四年，更為元年。三年，張儀相魏。

惠文君十四年，他在這一年改稱惠文王，因此重新定為元年。而在惠文王三年，張儀居然被秦國免相了！走投無路的張儀，只好投奔魏國，於是成為魏國的宰相。

惠文王為何罷免張儀？事實上，張儀根本就是秦國派來的大間諜。因為當時的魏國不堪秦國的逼迫，已經打算加入合縱共抗強秦，張儀希望能瓦解這個聯盟。

七年，韓、趙、魏、燕、齊帥匈奴共攻秦。秦使庶長疾與戰修魚，虜其將申差，敗趙公子渴、韓太子奐，斬首八萬二千。

這一年，魏國決定加入聯軍，與韓、趙、魏、燕、齊再加匈奴共同進攻秦國（也有學者主張，應該是楚、趙、魏、韓、燕五國聯軍）。可惜五國本不同心，加上有張儀的裡應外合，聯軍最後果然慘敗，被秦軍斬首八萬兩千人。

八年，張儀復相秦。

第二年，東方的齊國前來攻魏，西方的秦國也來攻魏。韓國與魏國唇齒相依，立刻發兵抗秦，結果韓國一戰又被秦國斬首八萬，天下諸侯為之震怖。秦國重視軍功，軍功是靠首級來計算，所以秦軍殺戮最盛。魏國在恐懼之下，終於向秦國低頭，決定脫離合縱聯盟。張儀的目的已經達成，便公然回秦國再次接任宰相。

張儀行事如此明目張膽，難道事後魏國人不知道張儀是間諜嗎？他們當然知道，就算魏國人再笨，在戰死這麼多人之後，也會知道的。既然知道張儀是間諜，為什麼不殺之而後快呢？因為魏國人不敢。就算張儀事後擺明了他是秦國的間諜，就算張儀害死了魏國這麼多人，魏國也不敢動他一根寒毛，還得恭送回秦，因為強秦就是他的後盾。

沒有力量，就沒有正義。弱國的悲哀，莫大於是。

十二年，張儀相楚。

懂得記取歷史教訓的朋友們，讀到這裡應該就會忽然背脊發涼了。張儀相魏，就把魏國搞得如此淒慘，如今他又來相楚，楚國將會如何？

當然各位可能會想，楚王又不是笨蛋，怎麼可能相信張儀呢？楚王當然不是笨蛋，但請各位再跟我唸一次：「一個人會被騙，不是因為他笨，而是因為他貪。」張儀膽敢故技重施，就是因為他帶來了楚國無法拒絕的禮物：商於之地六百里！

當時的天下，韓、魏已經屈服，趙、燕偏僻弱小，只有齊、楚的聯合是秦國最大的威脅。張儀告訴楚王，只要楚王願意與齊國絕交，不必費一兵一卒，秦國將割讓商於六百里的土地作為禮物。

如果你是楚王，一邊是友邦的交情，一邊是誘人的利益，請問你會選擇哪一邊？

結果楚王毫不猶豫，立刻答應了張儀的要求。不但楚王大喜過望，連楚國的群臣都紛紛前來道賀。當時也有臣子諫言，懷疑張儀的承諾是否可信，但楚王的反應是：「給我閉嘴」！

楚王立刻就任命了張儀為宰相，然後公告天下與齊國絕交，接下來就坐著等張儀回秦國割讓土地。結果張儀回秦國後，就假裝從車上摔下來受傷，然後避不見面。楚王等了三個月沒有回音，就以為張儀懷疑他的決心。於是就派勇士去辱罵齊王。齊王大怒，於是決定聯合秦國來對付楚國。張儀聽說了這個消息，這才願意見楚王的使者，然後說：「我答應楚國的六里土地，現在可以交割了。」

等等，怎麼會是六里呢？楚王的使者堅持張儀當初說的是六百里，而張儀堅持他當初說的是六里。最後無奈的楚使只好如實回報楚王，楚王這才發現自己被騙了。

楚王為什麼會相信張儀？因為張儀是秦國的宰相。他必然是想，一個大國宰相會公然騙人嗎？秦國會公然騙人嗎？答案是「當然會」，因為秦國奉行的是「強道」。

楚王惱羞成怒，決定發動大軍進攻秦國報復。但此時的秦國已和齊國聯合，兩國一起攻打楚國，結果是什麼呢？

十三年，擊楚於丹陽，虜其將屈丐，斬首八萬。又攻楚漢中，取地六百里，置漢中郡。

結果楚軍不但被秦軍斬首八萬，連漢中之地都丟了。楚王不但沒有拿到秦國的六百里土地，反而被秦國拿走了六百里土地。後來憤怒的楚王，決定發動全國之兵再次進攻秦國，最後還是慘敗。

張儀的故事還有很多，這裡就不詳述了，以後有機會再來談談縱橫家到底是怎麼回事。這裡只是想讓各位看看，張儀是如何運用詐術，玩弄各國於股掌之上。那麼張儀這麼聰明的人，結局又是如何呢？

答案是惠文王死了之後，他立刻就被新任的秦武王（也有記載寫作悼武王、秦武烈王或元武王）趕出秦國。

因為一個滿嘴謊話的人，不但列國厭惡他，連秦國的君臣也厭惡他，說他「無信，左右賣國以取容」。被趕離秦國的張儀，後來不到兩年就死了。

惠王卒，子武王立，韓、魏、齊、楚、越皆賓從。

秦國在孝公和商鞅一代人的努力之下，成為了天下強國。又經過了惠文王和張儀一代人的努力，讓天下列國為之雌伏。本來按這樣的發展，秦國應該此時就能取得天下，為什麼卻要等到八十多年後的始皇時代才能終於完成統一大業呢？

答案很簡單，還記得我前面和各位說過的秦人的特殊性格嗎？越艱困越奮鬥，越順利越荒唐。這樣的規律幾乎籠罩在整個秦人的歷史上，就像是對他們的詛咒。

四年，武王有力好戲，力士任鄙、烏獲、孟說皆至大官。王與孟說舉鼎，絕臏。八月，武王死。族孟說。

秦武王的力氣非常大，性格又爭強好勝，特別喜歡和大力士角鬥。他身邊的大力士任鄙、烏獲、孟說等人，都因此被他任命為大官。這夠荒唐了吧？不夠，還有更荒唐的。有一次，秦武王與孟說比賽誰能舉起大鼎，結果秦武王居然因為硬要舉起那個沉重的大鼎，超過了他力量所能負荷，就這樣折斷膝蓋骨而死了。跟他一起舉鼎的孟說，也因為這樣被族誅了。

武王取魏女為后，無子。立異母弟，是為昭襄王。……二年，彗星見。庶長壯與大臣、諸侯、公子為逆，皆誅，及惠文后皆不得良死。悼武王后出歸魏。

荒唐的秦武王一死，他的異母弟弟昭襄王繼位。結果第二年，秦國爆發了內亂。這一場叛亂規模極大，包括大臣、諸侯、公子們統統起來作亂，結果全部被年輕的昭襄王殺得一乾二淨。連惠文王的王后，也就是昭襄王的嫡母，恐怕都參加了這場叛亂，所以才會不得好死。而武王的王后，就是昭襄王的寡嫂，也被趕回了娘家魏國去。這種大臣想謀逆，君王殺大臣的老戲碼，在秦國又一次上演。

十年，楚懷王入朝秦，秦留之。

關於這件事的發生年代，是有一點爭議的。〈秦本紀〉記載此事在昭襄王十年，但〈楚世家〉和〈六國年表〉卻說發生在楚懷王三十年，也就是昭襄王八年。不過考證年代不是本書的重點，事件內容和意義才是，各位知道有這樣的不同記載也就可以了。

張儀死後，是不是代表秦國不再使詐騙人了呢？當然不是。在這一年，戰國史上最大的騙局就要出現，而策畫者就是這位年少即位的昭襄王。

騙局的一開始是這樣的，秦昭襄王寫信給楚懷王，邀請他參加在秦國武關召開的秦楚友好會議，締結兩國同盟關係。楚懷王收信後十分猶豫，去的話怕秦國騙他，不去的話怕秦國打他。最後在他的兒子子蘭的勸說下，要他萬萬不可拒絕秦國的好意，所以楚懷王還是去了。是啊，大國怎麼會公然騙人呢？

結果等楚懷王一到武關，立刻就被秦國抓了起來，然後押送到咸陽去。秦昭襄王要楚懷王答應割讓楚國的巫郡和黔中郡，才願意放他回去。結果憤怒的楚懷王堅持不答應，秦國就不放他走，楚國也堅持不受威脅而另立新王。最後秦國的騙局沒有得逞，但楚懷王後來也就死在秦國了。

這件事說起來複雜，其實就是詐騙和綁票而已。只不過秦國以大國之姿，居然可以不要臉到這個地步，實在是可驚可懼！也難怪楚人對秦國的憤恨如此之深，後來甚至有「亡秦必楚」的讖語不斷流傳。而《史記》更記載了當時天下各國的反應，「諸侯由是不直秦」，天下諸侯都因此看不起秦國！

昭襄王是個長命的君主，在位長達五十六年。在他當政期間，又一個影響秦國命運的重要人物出現了，他就是白起。白起是個什麼樣的人呢？各位看下面這一段就會明白了。

十四年，左更白起攻韓、魏於伊闕，斬首二十四萬。

斬首二十四萬！前面秦國和五國大戰，也不過才斬首八萬。如今白起一出場，就能斬首二十四萬，這個人軍略之強，手段之狠，由此可以想見。不過，這還不是他殺人最多的一次。

白起是個什麼樣的人呢？他可謂是戰國的大殺神。秦國能夠掃平天下，白起功不可沒，各位看看下面的記事，就可以知道。

十五年，大良造白起攻魏，……攻楚。

二十七年，白起攻趙。

二十八年，大良造白起攻楚。

二十九年，大良造白起攻楚，取郢為南郡，楚王走。……白起為武安君。

三十一年，白起伐魏。

四十三年，武安君白起攻韓，拔九城，斬首五萬。

四十七年，秦攻韓上黨，上黨降趙，秦因攻趙，趙發兵擊秦，相距。秦使武安君白起擊，大破趙於長平，四十餘萬盡殺之。

白起攻韓、魏於伊闕斬首二十四萬，攻楚於鄢決水灌城淹死數十萬，攻魏斬首十三萬，攻韓斬首五萬，長平之戰殺人四十五萬，據梁啟超考證，整個戰國期間共約戰死兩百萬人，死在白起手上的就占了二分之一，可謂戰國第一殺神。

白起的赫赫功業，全部建立在趙、韓、魏、楚等國的累累白骨之上。而其中最重要，最足以影響天下命運的，就是昭襄王四十七年的秦趙長平之役。為了說明這場關鍵性的戰爭，這裡要先從趙國這方面開始談起。

白起像

在戰國前期的歷史中，和秦國常發生各種關係的主要是魏、韓、楚、齊諸國，趙國這時還不是戰國舞台的主角。在趙武靈王即位之初，趙國對外屢戰屢敗，北方又受少數民族威脅，處境十分危險。於是武靈王悍然發動了「胡服騎射」的改革，要全國人民改穿遊牧民族的服裝，崇向遊牧民族的習俗。為什麼？因為遊牧民族的風俗，使他們全民皆兵，戰鬥力也比農業民族更強，武靈王相信只有這樣做才能讓趙國強大。

但各位要知道，對古代的中國人來說，這是何等驚世駭俗的事！在先秦的典籍中，不斷強調文明和野蠻的差別就在於「冠帶禮樂」，不斷強調「微管仲，吾其披髮左衽矣」，如今趙國卻要全民改穿胡服。這等於是向天下宣告，趙國為了活下去，決定拋棄文明，崇向野蠻！

是啊！只要能活下去，世上又有什麼東西是不能拋棄、不能出賣的呢？這就是所有活在亂世之人的悲哀。秦國如是，趙國也如是。

趙國「胡服騎射」之後的數十年，迅速強大起來。環顧戰國後期的天下，韓、魏早已不堪一戰，楚國幾次戰敗，已是外強中乾。齊國本來是東方超強，一度甚至併吞了同為大國的燕國，但齊湣王狂妄自大，結果引來了秦、韓、魏、燕、趙五國的聯合進攻，雖有田單復國，卻已是元氣大傷。此時的國際大勢，已成為秦趙爭霸的格局，只有趙國能夠對抗秦國，成為秦國東進最堅強的阻礙。

秦昭襄王四十五年，一場意外的事件造成了秦、趙的火併。秦國進攻韓國的野王城，於是野王投降。但這樣一來，原本仰賴野王城和韓國相連的上黨郡，便被切斷與本土的聯繫。韓王懼怕秦國的大軍，便要將上黨郡十七個城送給秦國。結果上黨郡郡守馮亭不願降秦，便決定投降相鄰的趙國。

馮亭既然不肯降秦，為什麼就願意降趙呢？他的目的，就是為了將趙國拖入這場原本與它無關的戰爭之中。試想，秦國費了這麼大力氣攻韓，本來就要到口的肥肉居然被趙國不費一兵一卒拿走，又怎能不憤怒？一旦秦國的怒火轉向趙國，趙國勢必應戰，這樣便能促成趙韓聯合抗秦的局面。

這是移禍江東的毒計，在戰國的大亂世裡，哪裡會有簡單的人物！

請問如果你是趙孝成王，年少即位，朝中都是老臣。面對上黨的投降，你正需要堂皇的政績，會拒絕這樣天上掉下來的禮物嗎？

有時候天上掉下來的未必是禮物，也有可能是鳥屎，甚至是比鳥屎更糟的東西。難道趙國人不知道嗎？趙國人當然知道。當時趙國臣子平陽君便力勸趙孝成王，不要接受上黨郡的投降，以免招來秦國的報復，得不償失。

趙孝成王答應上黨的投降了嗎？他答應了。因為天下掉下來的禮物，不要白不要，這可是十七個城啊！管它以後有何禍患，眼前能拿到的好處是最實在的。自古以來那些陷入財色陷阱的官員，難道不知道可能會有後患嗎？當然知道，他們只是忍不住眼前的誘惑而已。

秦國果然如馮亭所料，怒而進攻投降趙國的上黨，於是趙王派老將廉頗率領二十萬大軍前去救援。等趙軍到前線時，上黨已被攻陷，廉頗決定建築壁壘以固守，堅決不與秦軍決戰。秦軍攻打了好幾次廉頗的防線，都沒有辦法攻下來，雙方進入對峙階段。

對峙聽起來很簡單，問題是二十萬大軍屯駐在前線，人吃馬嚼，錢糧耗費不可勝數。廉頗不敢出戰，卻日夜要求增援，前線軍隊頗有死傷，卻無寸土之功，還被外國譏笑說趙人怯懦，年輕氣盛的趙孝成王如何受得了？他三番兩次地要求廉頗出擊，揚我大趙國威，廉頗都拒絕了。於是趙孝成王終於決定陣前換將，由年輕新銳的軍事學家趙括代替老邁膽小的廉頗，擔任趙國大軍的統帥。

誰說年輕人不能有成就？滿朝的文武老臣們，你們懂得年輕人的朝氣和夢想嗎？他們這對年輕的君臣，誓言要做出一番驚天動地的事業，給這些老臣們看！

秦昭襄王四十七年，新任統帥趙括到達前線，果然一掃廉頗頹風，撤換了大量廉頗所任命的中下級軍官，決定奮勇出擊，一舉殲滅秦軍。趙王為了支援趙括，徵發了大量的青年男子，前線大軍多達四十萬人之眾，可以說趙國已將全國國運賭在這一戰上。

結果接戰之下，秦軍果然不堪一擊，立刻倉皇敗退。原來秦軍不過是紙老虎而已，廉頗以前居然嚇得不敢作戰，實在是太可笑了！趙括看見秦軍的窘態，決定出動全軍主力乘勝追擊，一路殺到秦軍的壁壘之下。

趙軍不斷猛攻，但這時守衛壁壘的秦軍卻突然變得頑強無比，誓死不退。這時消息忽然傳來，秦軍的另外兩支部隊，一支已經佔據道路的要害，切斷了趙軍的退路；另一支則駐守於趙軍大營壁壘之外，阻斷援軍和補給的到來。更要命的是，趙括為了快速追擊，全軍輕身出動，沒有攜帶太多的輜重糧食！

趙括嘗試著進攻兩頭的秦軍，卻是屢攻不破，進退不得。趙孝成王為了救援趙括，嘗試再派援軍前來，可是秦軍卻好像越打越多，怎麼樣都無法突破他們的包圍。最後補給斷絕，兵無糧，馬無草，趙軍主力竟然陷入絕境。

天啊，事情怎麼會變成這樣呢？

老人家或許不懂得年輕人的朝氣和夢想，但是他們懂得現實的殘酷。

為什麼廉頗不敢出擊？因為他深知趙軍打不贏秦軍，趙國只足以對秦國造成阻礙，卻不足以對秦國造成威脅。如果悍然出擊，敗的一定是趙軍。

為什麼趙孝成王一定要出擊？因為他深信趙軍能打敗秦軍。趙國君王英明神武，趙國軍隊精實壯大，趙國國威名揚天下，更重要的是秦國是邪惡的，而趙國是正義的，趙國怎麼可能會輸？

一個久歷沙場的老將認為不會贏，一個生於深宮的年輕人認為會贏，如果是你，你會相信誰？

其實這一切都是秦國的陰謀，秦國當初對廉頗的烏龜戰術無可奈何，只好另出他計，派人用重金賄賂趙國的臣民，散布謠言說：「秦國害怕的人只有奇才趙括，廉頗已經老邁膽小，很快就會投降。」這是第一步。

等趙孝成王終於陣前換將，秦國也立刻陣前換將。原本統帥秦軍的是名氣不大的王齕，卻秘密換成了秦軍第一殺神白起。而秦王還下了嚴令，有敢洩漏統帥是白起者，殺無赦！為什麼要這麼做？因為如果讓趙括知道他的對手，其實是赫赫兇名的白起，他如何膽敢輕兵出擊？又怎麼能讓他輕易上當？這是第二步。

等到趙括陷入重圍之後，秦昭襄王以六十五歲高齡親臨前線，並且發動十五歲以上的青年男子全部開赴長平，要遮絕趙國所有的援軍和補給。這是計策的最後一步，趙人敢賭上全國國運來打這一仗，秦人也敢賭上全國國運來打這一仗，而且只會賭得更狠！

就這樣，趙軍主力被秦軍圍困了四十六天，全軍已經餓到人吃人的地步，趙括只好聚集精銳企圖突圍。兵書上不是常說「置之死地而後生」嗎？結果趙括剛剛出戰，就被秦軍射殺，一位飽讀兵書的天才學者就這樣死在戰場上，給歷史留下的只有「紙上談兵」的笑話。

被圍困的趙軍失去了主帥，就更不能與秦軍對抗，最後只好全軍投降。那麼白起會如何對待這些投降的趙軍呢？答案是「殺」！只有殺盡趙軍，才能打斷趙國的脊梁骨，讓趙國再也無能和秦軍對抗。只有殺盡趙軍，才能讓六國震怖，以後聽到秦軍就聞風喪膽，再也不敢面對秦國的怒火。至於趙人四十萬條性命，白起會放在心上嗎？秦國會放在心上嗎？

於是白起設詐，把趙國的俘虜騙進山谷之中，然後全部坑殺。史書記載，秦國在這場戰事前後足足殺了趙國四十五萬人之多。只留下年紀最輕的二百四十人放歸趙國，讓趙人都知道秦人的可怕。

可能有朋友會問我，古書裡寫的這種二十四萬、四十餘萬的數字是真的嗎？會不會是太誇張了呢？說實話，古代軍隊的數字多半是號稱，以赤壁之戰為例，曹操號稱百萬，孫劉聯軍號稱三十萬。有很多時候，統帥自己也知道沒那麼多人，可是得要號稱那麼多人才能嚇得倒敵人。袁紹官渡之戰前的文告就號稱自己「長戟百萬」，以漢末當時的人口，他怎麼可能會有百萬的長戟兵？實際到底有多少人，後人不知道，恐怕古人自己也不確定。

但寫歷史的難處，就在這裡。如果你是史官，面對前人記載這樣的數字，你該怎麼辦？在沒有其他史料可以參考的情況下，難道這些數字統統都不要嗎？那麼真正的數字又是多少呢？難道你的推測就更可靠嗎？所以史官唯一的辦法，只有盡量多加比對史料的異同，倘若前人的記載彼此出入不大，那也只能把這些數字記下來，不然還能怎麼辦？

說實話，趙國是不是真的死了四十多萬人，誰也不知道。但據《戰國策》記載長平之戰後，當時燕國的間諜曾回報燕王，趙國的青壯都死光了，整個邯鄲城裡看到的都是失去父親的孩子。從這樣的記載來看，就算沒有四十萬，恐怕也相去不遠了。

如果說，商鞅是將秦國從一隻惡狗脫胎換骨變成了老虎，而張儀是將這頭老虎從籠子裡放了出來，那麼白起則是指揮這頭老虎，讓牠披上了鋼鐵的武裝，咬死了所有的強敵。白起為了秦國立下這麼大的戰功，可以說是自商鞅、張儀以來對秦國霸業貢獻最大的人，那麼秦王要如何回報他呢？

五十年，武安君白起有罪，死。

秦王回報白起的辦法就是，奪去他一切的爵位和財富，然後把他處死。為什麼呢？因為白起已經位極人臣，他是封君、大將軍，如今又立下這麼大的功勞，已然賞無可賞。如果白起安安穩穩低頭做人也就算了，但長平戰後他自恃功高，言行跋扈，對於秦王的命令已然愛理不理。

更重要的是，白起你為人如此兇狠，外國人害怕你，難道秦王就不害怕你嗎？你這麼有將略，又這麼得軍心，又對秦王不服。除了殺你，秦王還能怎麼辦？「功高蓋世者不賞，威震其主者身危，權過造化者不祥」，自古以來無不如此。

《史記》的筆法是很有趣的，一般來說，如果所記載的人真的有罪，《史記》就會將他的罪名寫清楚。但如果這個人是冤枉的，《史記》就只會寫「有罪」，不會寫罪名是什麼。從這裡來看，白起應該是冤枉的。

想必白起一定不甘心，他有什麼罪？秦國怎麼能無罪處死他？但是試問鄢城被淹死的數十萬亡者，他們有什麼罪？長平那四十萬被坑殺的冤魂，他們又有什麼罪？白起又怎麼能無罪處死他們？

不論聰明才華再高，就算像商鞅、張儀、白起這麼高，最後的結局又是如何？商鞅被車裂，張儀被趕走，白起被冤殺，因為他們奉行的都是「強道」，都用「詐」和「力」來面對一切。一個人的道路終究是自己選擇的，你所選的道路也就注定了你的結局。三個人的結局都是如此，那麼一心信奉「強道」的秦國，結局又會如何？

五十一年，西周君背秦，與諸侯約從，將天下銳兵出伊闕攻秦。……於是秦使將軍摎攻西周。西周君走來自歸，頓首受罪，盡獻其邑三十六城，口三萬，秦王受獻。

趙國敗了，東方再也沒有國家能獨力對抗秦國，要挽救大家只有合縱。這一年，由西周君發起，要凝聚了諸侯們最大的力量進攻秦國。結果是秦王大怒，派軍隊進攻西周，西周君立刻嚇得自己前來投降，對秦王磕頭求饒，還獻出了所有的土地和人民。

我每每讀到這裡，實在覺得感慨良深。當年的周天子何等強大，將秦人的祖先從東方流放到西邊前線去做炮灰。秦人從那一刻起，在西方那個最偏僻危險的地方足足奮鬥了八百年，他們受盡了無數的坎坷，付出了無數的血淚。而到了這一刻，周天子的後裔卻恐懼顫抖地雌伏在秦王腳下，只求秦王饒了自己一命。

八百年的時間，讓秦國扭轉了自己的命運。秦人靠的是什麼？不就是在任何困境中都絕不放棄的勇氣，還有無論如何都要拚命改變自己的決心嗎？

歷史告訴我們，如果你無法和人拚爹，無法和人拚娘，無法和人拚錢，無法和人拚地位，那麼你至少還可以拚命。只要你肯拚命改變自己，只要你沒死，人世間總會有希望的。

五十三年，天下來賓。

昭襄王五十三年，天下所有的國家都派人來朝見秦王，雌伏在秦王腳下。到這一刻，諸侯們都已經明白，他們不是秦國的對手，即使是聯合也打不贏秦國。儘管後來列國還有幾次合縱之役，但都已經改變不了歷史的大勢，秦國統一天下只是時間早晚而已。

五十四年，王郊見上帝於雍。

在本書的最後，我特別想談談這一句。各位還記得，當秦人終於立國之後，秦襄公做的第一件事是什麼嗎？那就是祭祀上帝。在當時人及後人來看，秦襄公所做的都是十足的僭越。只有天子可以祭上帝，一個剛剛立國的小諸侯，你怎麼膽敢祭祀上帝？前人對此多半只是痛斥，卻很少有人問，秦襄公自己難道不知道這是僭越嗎？為什麼他要冒天下之大不韙，做出這樣的事？

以下是我個人的意見。

秦襄公這麼做，是因為在奮鬥死戰了兩百多年之後，秦人終於擁有了自己的國家。因此他要對天發誓，從這一刻起，秦人將不再被任何人主宰他們的命運。在後來的漫長歲月中，秦人不知經歷了多少風霜雨雪，面對過多少危機。但各位可以發現，即使是在秦國最艱難最困苦的時候，他們也從來沒有考慮過再次屈膝，讓強國來主宰自己的命運。

而經過了五百年，秦王如今再一次祭祀上帝。他正是要告訴天下，秦國在歷經五百年的奮鬥，犧牲了無數代人之後，終於完成了祖先的悲願。在這一刻，秦國已經在列國之上，再也沒有任何人能夠主宰秦國的命運，秦國即將成為天下的主人！

故事到這裡就完結了嗎？當然還沒有，昭襄王之後，又經歷了短暫的孝文王和莊襄王（有的書寫作莊王或襄王）的統治時期，最後在始皇帝的時代統一了天下。

始皇帝五十一年而崩，子胡亥立，是為二世皇帝，三年，諸侯并起叛秦，趙高殺二世，立子嬰。子嬰立月餘，諸侯誅之，遂滅秦。

秦國確實不必再擔心外人，可是要擔心它自己。因為秦國最後之所以會滅亡，是因為自己滅亡了自己。當秦國選擇了「強道」，將「詐」與「力」發揮到巔峰，用欺騙和殺戮來統治天下的時候，它的命運就已經決定了。後來發生的種種故事，我已經都寫在《秦始皇——一場歷史的思辨之旅》中了。

如同《易經》所說：「方以類聚，物以群分，吉凶生矣。」吉凶從何而來？吉凶就從「物以類聚」來！你是個什麼樣的人，你身邊就會聚集一群跟你一樣的人。這一群相似的人就會形成一個團體，所有的吉凶都從這個團體的性格和道路而來。

你為了權力富貴，可以不惜一切手段，你吸引來的也會是這樣的人。你謀算別人，難道別人就不會謀算你？你為了利害可以出賣別人，難道別人就不會為了利害出賣你？天下有這樣的事嗎？每天你和這樣的一群信奉「強道」的人混跡在一起，難道會有好下場嗎？秦國信奉「強道」，靠著欺騙和殺戮取得了天下。問題是，你用欺騙和殺戮治國，別人也將會以欺騙和殺戮回報你。

秦始皇為什麼要焚書？這就是萬世愚民之終極詐術，他希望能以此騙盡天下人。可笑的是，他一生最相信的李斯和趙高，最寵愛的胡亥，卻在他死後聯手騙了他，還害死了他的繼承人。

為了順利讓胡亥繼位，李斯和趙高偽造遺詔，這是用「詐」。趙高為了奪權，先騙李斯，後騙胡亥；二世不願意聽任何自己不喜歡的話，所以身邊的人都只好騙他，這還是用「詐」。最後趙高騙子嬰，子嬰騙趙高，這全部都是用「詐」。上下交詐，正是秦國的君臣相處之道。

始皇不知道誰洩漏了他的話，就把所有當時在旁的人全部處死；隕石掉到地上，不知被誰刻了詛咒始皇的話，就將石旁居住的人全部處死，這是用「殺」。二世皇帝害怕自己的兄弟姊妹、文武大臣們，懷疑他得位不正，於是就全部處死，這還是用「殺」。到了最後，趙高想殺子嬰，子嬰要殺趙高，這都是用「殺」。始皇只是殺六國的軍隊和百姓，二世卻連秦國自己的宗室和大臣都要殺，秦朝的統治者碰到任何問題，都用「殺」來解決。自相殘殺，就是秦國最後的命運。

秦朝為什麼滅亡？就因為迷信「詐」與「力」而滅亡。騙到最後沒有人可騙，殺到最後沒有人可殺，就等著迎接最後悲慘的命運。秦國的故事，已經活生生地告訴了我們這一點。

上位者好利，下位者自然就好利。上位者貪心，下位者就比他更貪心。上位者欺騙下面，下位者就必然用謊言回報上面。上位者肆行殺戮，下位者只要有機可乘，也一定會用殺戮回報你。所以孟子才說：「上下交征利，而國危矣。」從秦國的結局來看，難道不是這樣嗎？

在成功之後，始皇志得意滿，驕奢無度，延續「強道」而不改，以為靠著「詐」與「力」就能奴役天下，傳國至千萬世。當時的秦朝只有兩千多萬人口，卻要北伐匈奴、南征百越、築阿房宮、築驪山陵、築馳道、築直道，來滿足始皇無窮無盡的欲望。結果天下人起而叛秦，秦朝不過二世就亡了。最後宗族被滅亡，宮室被焚燒，百姓被屠殺、被擄掠，珍寶被劫掠，連土地也被諸侯瓜分，這就是秦的結局。

中國傳統文化喜歡講王霸之分，當人們喜歡提倡王道的時侯，就代表天下即將太平；但當霸道和強道的種子在人心中滋長的時候，亂世就將來臨。不信各位捫心自問，你是不是也曾經認為，在這個世界上什麼仁義道德都是假的，只有金錢和權力才是真的？當這樣想法的人越多，亂世就會越早來臨。

●以「強道」治天下，最後卻付出了慘痛的代價。©iStockphoto

以「強道」治天下。讓秦國在戰國時代成為了最後的勝利者，但這條道路難道不用付出代價嗎？事實上，這條道路要付出慘痛的代價。你可以靠武力屈服人於一時，可是這只能在人心中累積悲恨怨毒，你的武力一旦衰弱了，天下人將全是你的敵人，這就是「強道」的代價。

回顧秦人的歷史，發源於上古黃帝之苗裔，在商代的時候靠著不斷的努力，終於成為了諸侯。可是因為一次賭錯邊，整個氏族從諸侯淪為了炮灰。在那樣絕境之中，秦人始終沒有放棄希望，還激發出了最強的血性。等西周到東周天翻地覆的那一刻，秦國抓住了這千載難逢的良機，擁有了自己的國家。幾代血戰，到了秦繆公時，終於成為西方的霸主。可是繆公一死，秦國國勢從此中衰內亂，又淪為一個最窮最弱的國家。到了秦孝公力圖自強，迎來了商鞅，選擇了「強道」作為秦國未來的道路。在商鞅、張儀和白起的幫助下，秦國終於成為天下最強的國家，所有的國家只能雌伏在它的腳下。到了始皇帝時終於統一了天下，而後迎來了最輝煌的成功和最徹底的毀滅。

一個花了幾百年奮鬥的國家，終於從最底層爬起來，最後取得了天下，這是多麼令人感動的故事。然後竟然在短短的十四年內，這個王朝就隨之灰飛煙滅，這又是一個多麼令人悲哀的故事。

「多難興邦，驕奢失國」，正是秦國歷史最好的寫照。

秦是中國上古時代所遺留下來的最後一支真正的血緣貴族，所以它的失敗並不只是一個國家的失敗。秦統一天下，消滅了六國貴族；而最後秦也被滅亡了，於是連最後一支上古貴族也消失在歷史的舞台上，中國歷史從此之後迎向了一個嶄新的階段。貴族的時代到此已經全部過去，而一個屬於平民百姓的，更加壯麗的大時代即將展開。

【附錄1】

論「真實的歷史」與「歷史的真實」

許多朋友常常問我這樣的問題，「史書上寫的東西是真實的嗎？」、「如果不能確定史書記載是真實，我們這樣討論又有何意義？」

這是一個歷史學的基本問題，要回答這個問題，必須先討論什麼叫作「真實」？

人文學和自然科學的最大分別，在於人文學沒有「再現性」。自然科學可以靠實驗，不斷再現某種現象，用來檢驗定理。但在人文學中，這是不可能的。特別是歷史學所面對的是已經消逝的過去，「時乎時，不再來」，消逝的就消逝了，沒有任何方法可以完全重現。張良和黃石公不會再次重現相遇的那一刻，就算在今天重新相遇，也不會是同樣的情況。因此，「真實」曾經存在過，但已經隨著時間消失了。

接下來的問題是，我們用什麼方法能夠得到曾經存在過的「真實」？要回答這個問題，就要看各位想得到的是「絕對的真實」？還是「相對的真實」？

如果是「絕對的真實」，這世上沒有任何方法能夠得到。後人寫的文獻（例如《史記》）當然有後人的主觀和偏見存在，難道本人記載的東西就一定可靠嗎？名人回憶錄中的美化和謊言，自古以來還少了嗎？就算所有人一起上完一堂課，叫這些人都寫一篇文章，去討論剛才那節課在上什麼，保證每個人寫的都不一樣，那麼誰才是真實？

記載如果不可靠，難道本人的記憶就是可靠的嗎？各位應該有過這種經驗，隨著時間的消逝，你的記憶會逐漸模糊、混淆甚至扭曲。如果你替自己的講話錄音，事隔多年後再聽到那段錄音，往往會大為驚訝：「我當初是這麼說的嗎？」

那麼錄音和錄影，總是絕對真實的吧？那也不可能。技術上來說，錄音和錄影既非全角度，從中得到的也不會是「絕對的真實」。就算真的有全角度錄影，也記錄對方的一輩子，哪個人願意花一輩子去看完人家的一輩子？就算真有這樣的人，也不可能從錄音和錄影中，得知當事者的心靈活動。

那麼考古地下出土的東西，總是絕對真實的吧？嚴格來說，古代存在過的事物中能埋入地下的只有一小部分，而埋入地下的事物中能被我們發現的也只有一小部分，因此考古材料往往是「殘餘之殘餘」，要用它來理解史實的全部，無異於「瞎子摸象」。或許日積月累之後，有一天能夠摸完整隻大象，但現在離那個境界恐怕還有很長遠的距離。

因此考古發現的遺址和遺物，往往具有第一手史料的優勢，固非帶有後人色彩的傳世歷史文獻所能及。但中國的傳世歷史文獻，常為當時多數文史資料之匯聚，也不是考古材料能夠取代的。就歷史的全面性和複雜性來看，兩者只能相輔相成。因此任何人都不可能光從考古發現，就得到「絕對的真實」。

「絕對」，本就是屬於神的領域，非人力所能及。如果有人覺得，只要不能證明是絕對真實的事物，就不必相信也不必理會。那麼基本上對他而言，人文學將在一夕之間崩潰，因為歷史是所有人文學的基礎。

但如果想得到的是「相對的真實」，卻是有可能的。

所謂的「歷史」，是「過去人類的所有活動（包括心智活動）」；而所謂的「歷史學」，是「從史料（包括文獻、考古等等）中所能復原過去人類的所有活動」。從各種史料中，不斷進行研究和比較，逐步逐步地接近真實，這就是歷史學的本色，也是歷史學家所從事的工作。因為這世上從沒有辦法能得到「真實的歷史」，我們所能得到的只有「歷史的真實」。

所以當有人問我：「《史記》上記載的，就是真實的歷史嗎？」就絕對層面而言，當然不是；但就相對層面而言，我會回答：「如果你覺得《史記》的記載不真實，能否拿出比它更為真實可信的史料？」

有人又問：「《史記》中那麼多私人對話，太史公又是如何得知？」基本上，中國古代人記載事情許多都沒有附上出處，但不代表前人所記都是捏造。太史公如何得知前人的對話，因為在他之前的人是這麼記載或傳說的。如果不能找到更可靠的證據，那就只能選擇記載下來，最多寫下可能的疑點，留給後世的史學家再來研究。

歷史學講究「持之有故，言之成理」，從許多《史記》的內容來看，太史公所記都有其根據。有些他根據的史料，今日還能見到，可以驗證這一點。只是太史公時代的書籍，已經有太多亡佚，因此有更多的記事，今天已經無法得知出處為何。我從不認為《史記》上的記載是「絕對」可信的，但如果你不相信古人所記的史事，就請拿出更為可靠的證據。只有透過這樣的方法，歷史學才能不斷進步，才不致流於虛無的懷疑。

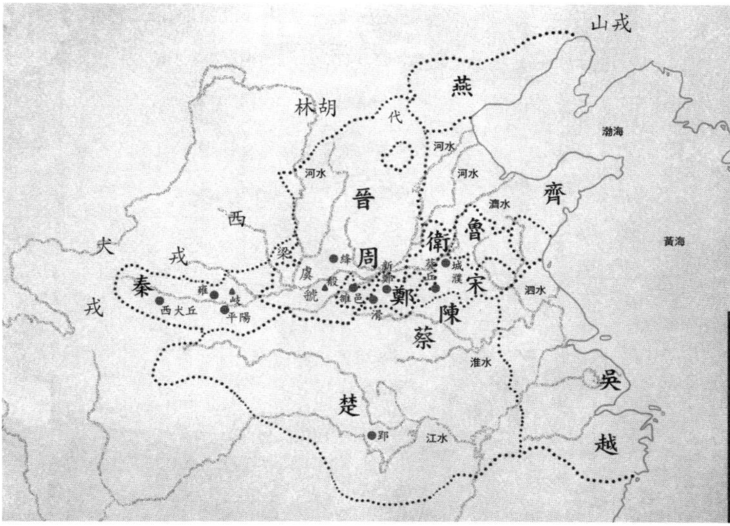

春秋形勢示意圖

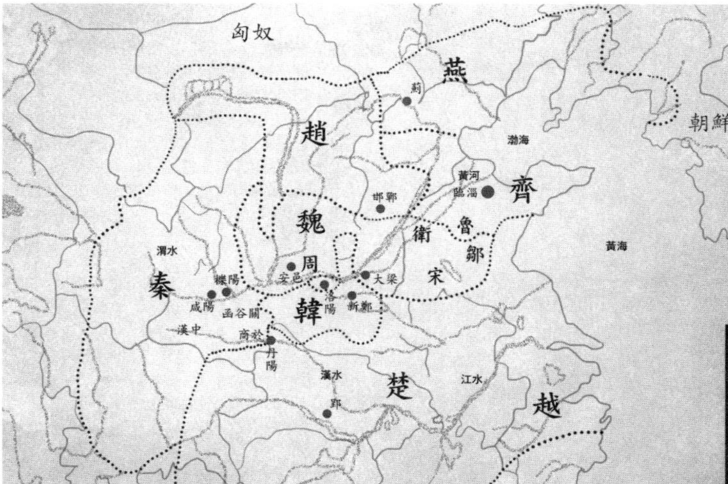

戰國形勢示意圖

國家圖書館出版品預行編目資料

帝國崛起：一場歷史的思辨之旅 2 / 呂世浩作. --
初版. -- 臺北市：平安文化, 2015.01
面； 公分. --（平安叢書；第 465 種）(知史；
02)
ISBN 978-957-803-942-1（平裝）

1. 秦始皇 2. 秦史 3. 通俗史話

621.91 103025489

平安叢書第 0465 種
知史 [2]
帝國崛起
一場歷史的思辨之旅2

作　　者—呂世浩
發 行 人—平　雲
出版發行—平安文化有限公司
台北市敦化北路 120 巷 50 號
電話◎ 02-27168888
郵撥帳號◎ 18420815 號
皇冠出版社（香港）有限公司
香港銅鑼灣道 180 號百樂商業中心
19 字樓 1903 室
電話◎ 2529-1778　傳真◎ 2527-0904
總 編 輯—許婷婷
責任編輯—蔡維鋼
美術設計—王瓊瑤
著作完成日期— 2014 年 10 月
初版一刷日期— 2015 年 01 月
初版十五刷日期— 2024 年 07 月
法律顧問—王惠光律師

讀者服務傳真專線◎ 02-27150507
電腦編號◎ 551002
ISBN ◎ 978-957-803-942-1
Printed in Taiwan
本書定價◎新台幣 280 元 / 港幣 93 元